TRANZLATY

La Langue est pour tout le Monde

A língua é para todos

Le Manifeste Communiste

O Manifesto Comunista

Karl Marx
&
Friedrich Engels

Français / Português

Published by Tranzlaty

ISBN: 978-1-80572-387-5

Original text by Karl Marx and Friedrich Engels

The Communist Manifesto

First published in 1848

www.tranzlaty.com

Introduction
Introdução

Un spectre hante l'Europe : le spectre du communisme
Um espectro assombra a Europa — o espectro do comunismo
Toutes les puissances de la vieille Europe ont conclu une sainte alliance pour exorciser ce spectre
Todas as Potências da velha Europa entraram numa santa aliança para exorcizar este espectro
Le pape et le tsar, Metternich et Guizot, les radicaux français et les espions de la police allemande
Papa e Czar, Metternich e Guizot, radicais franceses e espiões da polícia alemã
Où est le parti dans l'opposition qui n'a pas été décrié comme communiste par ses adversaires au pouvoir ?
Onde está o partido na oposição que não foi denunciado como comunista pelos seus opositores no poder?
Où est l'opposition qui n'a pas rejeté le reproche de marque du communisme contre les partis d'opposition les plus avancés ?
Onde está a Oposição que não lançou de volta a censura branda do comunismo, contra os partidos mais avançados da oposição?
Et où est le parti qui n'a pas porté l'accusation contre ses adversaires réactionnaires ?
E onde está o partido que não fez a acusação contra os seus adversários reacionários?
Deux choses résultent de ce fait
Deste facto resultam duas coisas
I. Le communisme est déjà reconnu par toutes les puissances européennes comme étant lui-même une puissance
I. O comunismo já é reconhecido por todas as potências europeias como sendo ele próprio uma potência
II. Il est grand temps que les communistes publient ouvertement, à la face du monde entier, leurs vues, leurs buts et leurs tendances

II. É mais do que tempo de os comunistas publicarem abertamente, perante o mundo inteiro, as suas opiniões, objetivos e tendências

ils doivent répondre à ce conte enfantin du spectre du communisme par un manifeste du parti lui-même

devem encontrar este conto infantil do Espectro do Comunismo com um Manifesto do próprio partido

À cette fin, des communistes de diverses nationalités se sont réunis à Londres et ont esquissé le manifeste suivant

Para o efeito, comunistas de várias nacionalidades reuniram-se em Londres e esboçaram o seguinte Manifesto

ce manifeste sera publié en anglais, français, allemand, italien, flamand et danois

este manifesto será publicado nas línguas alemã, inglesa, francesa, italiana, flamenga e dinamarquesa

Et maintenant, il doit être publié dans toutes les langues proposées par Tranzlaty

E agora deve ser publicado em todas as línguas que Tranzlaty oferece

Les bourgeois et les prolétaires
Burgueses e proletários

L'histoire de toutes les sociétés qui ont existé jusqu'à présent est l'histoire des luttes de classes
A história de todas as sociedades até agora existentes é a história das lutas de classes
Homme libre et esclave, patricien et plébéien, seigneur et serf, maître de guilde et compagnon
Homem livre e escravo, patrício e plebeu, senhor e servo, mestre de guilda e viajante
en un mot, oppresseur et opprimé
numa palavra, opressor e oprimido
Ces classes sociales étaient en opposition constante les unes avec les autres
Estas classes sociais mantiveram-se em constante oposição entre si
Ils se sont battus sans interruption. Maintenant caché, maintenant ouvert
eles continuaram uma luta ininterrupta. Agora escondido, agora aberto
un combat qui s'est terminé par une reconstitution révolutionnaire de la société dans son ensemble
uma luta que ou terminou numa reconstituição revolucionária da sociedade em geral
ou un combat qui s'est terminé par la ruine commune des classes en lutte
ou uma luta que terminou na ruína comum das classes em disputa
Jetons un coup d'œil aux époques antérieures de l'histoire
Olhemos para as épocas anteriores da história
Nous trouvons presque partout un arrangement compliqué de la société en divers ordres
encontramos em quase toda parte um complicado arranjo da sociedade em várias ordens
Il y a toujours eu une gradation multiple du rang social

sempre houve uma gradação múltipla da posição social

Dans la Rome antique, nous avons des patriciens, des chevaliers, des plébéiens, des esclaves

Na Roma antiga temos patrícios, cavaleiros, plebeus, escravos

au Moyen Âge : seigneurs féodaux, vassaux, maîtres de corporation, compagnons, apprentis, serfs

na Idade Média: senhores feudais, vassalos, senhores de guildas, viajantes, aprendizes, servos

Dans presque toutes ces classes, encore une fois, les gradations subordonnées

em quase todas essas classes, novamente, gradações subordinadas

La société bourgeoise moderne est née des ruines de la société féodale

A sociedade burguesa moderna brotou das ruínas da sociedade feudal

Mais ce nouvel ordre social n'a pas fait disparaître les antagonismes de classe

Mas esta nova ordem social não eliminou os antagonismos de classe

Elle n'a fait qu'établir de nouvelles classes et de nouvelles conditions d'oppression

Estabeleceu apenas novas classes e novas condições de opressão

Il a mis en place de nouvelles formes de lutte à la place des anciennes

Estabeleceu novas formas de luta no lugar das antigas

Cependant, l'époque dans laquelle nous nous trouvons possède un trait distinctif

No entanto, a época em que nos encontramos possui uma característica distintiva

l'époque de la bourgeoisie a simplifié les antagonismes de classe

a época da burguesia simplificou os antagonismos de classe

La société dans son ensemble se divise de plus en plus en deux grands camps hostiles

A sociedade como um todo está cada vez mais dividida em dois grandes campos hostis

deux grandes classes sociales qui se font directement face : la bourgeoisie et le prolétariat

duas grandes classes sociais que se enfrentam diretamente: a burguesia e o proletariado

Des serfs du Moyen Âge sont sortis les bourgeois agréés des premières villes

Dos servos da Idade Média brotaram os burgueses fretados das primeiras cidades

C'est à partir de ces bourgeois que se sont développés les premiers éléments de la bourgeoisie

A partir desses burgueses desenvolveram-se os primeiros elementos da burguesia

La découverte de l'Amérique et le contournement du Cap

A descoberta da América e o arredondamento do Cabo

ces événements ont ouvert un nouveau terrain à la bourgeoisie montante

estes acontecimentos abriram um novo terreno para a burguesia em ascensão

Les marchés des Indes orientales et de la Chine, la colonisation de l'Amérique, le commerce avec les colonies

Os mercados da Índia Oriental e da China, a colonização da América, o comércio com as colónias

l'augmentation des moyens d'échange et des marchandises en général

o aumento dos meios de troca e das mercadorias em geral

Ces événements donnèrent au commerce, à la navigation et à l'industrie une impulsion jamais connue jusque-là

Estes eventos deram ao comércio, à navegação e à indústria um impulso nunca antes conhecido

Elle a donné un développement rapide à l'élément révolutionnaire dans la société féodale chancelante

Deu rápido desenvolvimento ao elemento revolucionário na sociedade feudal cambaleante

Les guildes fermées avaient monopolisé le système féodal de la production industrielle

As guildas fechadas monopolizaram o sistema feudal de produção industrial

Mais cela ne suffisait plus aux besoins croissants des nouveaux marchés

Mas isso já não era suficiente para as necessidades crescentes dos novos mercados

Le système manufacturier a pris la place du système féodal de l'industrie

O sistema manufatureiro tomou o lugar do sistema feudal da indústria

Les maîtres de guilde étaient poussés d'un côté par la classe moyenne manufacturière

Os mestres da guilda foram empurrados de um lado pela classe média manufatureira

La division du travail entre les différentes corporations a disparu

a divisão do trabalho entre as diferentes guildas empresariais desapareceu

La division du travail s'infiltrait dans chaque atelier

A divisão do trabalho penetrou em cada oficina

Pendant ce temps, les marchés ne cessaient de croître et la demande ne cessait d'augmenter

Entretanto, os mercados continuaram a crescer e a procura a aumentar

Même les usines ne suffisaient plus à répondre à la demande

Mesmo as fábricas já não eram suficientes para atender às demandas

À partir de là, la vapeur et les machines ont révolutionné la production industrielle

A partir daí, o vapor e as máquinas revolucionaram a produção industrial

La place de fabrication a été prise par le géant de l'industrie moderne

O lugar de fabricação foi tomado pela gigante, Indústria Moderna

La place de la classe moyenne industrielle a été prise par des millionnaires industriels

O lugar da classe média industrial foi ocupado por milionários industriais

la place de chefs d'armées industrielles entières ont été prises par la bourgeoisie moderne

o lugar de líderes de exércitos industriais inteiros foi tomado pela burguesia moderna

la découverte de l'Amérique a ouvert la voie à l'industrie moderne pour établir le marché mondial

a descoberta da América abriu caminho para a indústria moderna estabelecer o mercado mundial

Ce marché donna un immense développement au commerce, à la navigation et aux communications par terre

Este mercado deu um imenso desenvolvimento ao comércio, navegação e comunicação por terra

Cette évolution a, en son temps, réagi à l'extension de l'industrie

Esta evolução tem, no seu tempo, reagido à extensão da indústria

elle a réagi proportionnellement à l'expansion de l'industrie et à l'extension du commerce, de la navigation et des chemins de fer

reagiu proporcionalmente à forma como a indústria se expandiu e como o comércio, a navegação e os caminhos de ferro se estenderam

dans la même proportion que la bourgeoisie s'est développée, elle a augmenté son capital

na mesma proporção em que a burguesia se desenvolveu, eles aumentaram seu capital

et la bourgeoisie a relégué à l'arrière-plan toutes les classes héritées du Moyen Âge

e a burguesia empurrou para segundo plano todas as classes transmitidas desde a Idade Média

c'est pourquoi la bourgeoisie moderne est elle-même le produit d'un long développement

portanto, a burguesia moderna é ela própria o produto de um longo curso de desenvolvimento

On voit qu'il s'agit d'une série de révolutions dans les modes de production et d'échange

Vemos que é uma série de revoluções nos modos de produção e de troca

Chaque étape du développement de la bourgeoisie s'accompagnait d'une avancée politique correspondante

Cada passo da burguesia desenvolvimentista era acompanhado por um avanço político correspondente

Une classe opprimée sous l'emprise de la noblesse féodale

Uma classe oprimida sob o domínio da nobreza feudal

Une association armée et autonome dans la commune médiévale

uma associação armada e autónoma na comuna medieval

ici, une république urbaine indépendante (comme en Italie et en Allemagne)

aqui, uma república urbana independente (como na Itália e na Alemanha)

là, un « tiers état » imposable de la monarchie (comme en France)

lá, um "terceiro patrimônio" tributável da monarquia (como na França)

par la suite, dans la période de fabrication proprement dite

depois, no período de fabrico propriamente dito

la bourgeoisie servait soit la monarchie semi-féodale, soit la monarchie absolue

a burguesia servia a monarquia semifeudal ou absoluta;

ou bien la bourgeoisie faisait contrepoids à la noblesse

ou a burguesia agia como um contraponto contra a nobreza

et, en fait, la bourgeoisie était une pierre angulaire des grandes monarchies en général

e, de facto, a burguesia era uma pedra angular das grandes monarquias em geral

mais l'industrie moderne et le marché mondial se sont établis depuis lors

mas a Indústria Moderna e o mercado mundial estabeleceram-se desde então

et la bourgeoisie s'est emparée de l'emprise politique exclusive

e a burguesia conquistou para si o domínio político exclusivo

elle a obtenu cette influence politique à travers l'État représentatif moderne

conseguiu essa influência política através do Estado representativo moderno

Les exécutifs de l'État moderne ne sont qu'un comité de gestion

Os executivos do Estado moderno são apenas um comité de gestão

et ils gèrent les affaires communes de toute la bourgeoisie

e administram os assuntos comuns de toda a burguesia

La bourgeoisie, historiquement, a joué un rôle des plus révolutionnaires

A burguesia, historicamente, desempenhou um papel revolucionário

Partout où elle a pris le dessus, elle a mis fin à toutes les relations féodales, patriarcales et idylliques

onde quer que tenha vantagem, pôs fim a todas as relações feudais, patriarcais e idílicas

Elle a impitoyablement déchiré les liens féodaux hétéroclites qui liaient l'homme à ses « supérieurs naturels »

Rasgou impiedosamente os laços feudais heterogéneos que ligavam o homem aos seus "superiores naturais"

et il n'y a plus de lien entre l'homme et l'homme, si ce n'est l'intérêt personnel

e não deixou nenhum nexo entre o homem e o homem, a não ser o interesse próprio nu

Les relations de l'homme entre eux ne sont plus qu'un « paiement en espèces » impitoyable

As relações do homem entre si tornaram-se nada mais do que um insensível "pagamento em dinheiro"

Elle a noyé les extases les plus célestes de la ferveur religieuse

Afogou os mais celestiais êxtases do fervor religioso

elle a noyé l'enthousiasme chevaleresque et le sentimentalisme philistin

Afogou o entusiasmo cavalheiresco e o sentimentalismo filisteu

Il a noyé ces choses dans l'eau glacée du calcul égoïste

Afogou estas coisas na água gelada do cálculo egoísta

Il a transformé la valeur personnelle en valeur échangeable

Resolveu o valor pessoal em valor trocável

elle a remplacé les innombrables et inaliénables libertés garanties par la Charte

substituiu as inúmeras e inalienáveis liberdades consagradas

et il a mis en place une liberté unique et inadmissible ; Libre-échange

e instaurou uma liberdade única e inconcebível; Comércio livre

En un mot, il l'a fait pour l'exploitation

Numa palavra, fê-lo para exploração

Une exploitation voilée par des illusions religieuses et politiques

exploração velada por ilusões religiosas e políticas

l'exploitation voilée par une exploitation nue, éhontée, directe, brutale

exploração velada pela exploração nua, despudorada, direta, brutal

la bourgeoisie a enlevé l'auréole de toutes les occupations jusque-là honorées et vénérées

a burguesia despojou a auréola de todas as ocupações anteriormente honradas e reverenciadas

le médecin, l'avocat, le prêtre, le poète et l'homme de science

o médico, o advogado, o padre, o poeta e o homem de ciência

Il a converti ces travailleurs distingués en ses travailleurs salariés

converteu estes trabalhadores ilustres em trabalhadores assalariados remunerados

La bourgeoisie a déchiré le voile sentimental de la famille

A burguesia rasgou o véu sentimental da família

et elle a réduit la relation familiale à une simple relation d'argent

e reduziu a relação familiar a uma mera relação monetária

la brutale démonstration de vigueur au Moyen Âge que les réactionnaires admirent tant

a brutal demonstração de vigor na Idade Média que os reacionários tanto admiram

Même cela a trouvé son complément approprié dans l'indolence la plus paresseuse

mesmo isso encontrou o seu complemento adequado na mais preguiçosa indolência

La bourgeoisie a révélé comment tout cela s'est passé

A burguesia revelou como tudo isso aconteceu

La bourgeoisie a été la première à montrer ce que l'activité de l'homme peut produire

A burguesia foi a primeira a mostrar o que a atividade do homem pode trazer

Il a accompli des merveilles surpassant de loin les pyramides égyptiennes, les aqueducs romains et les cathédrales gothiques

Realizou maravilhas superando em muito as pirâmides egípcias, aquedutos romanos e catedrais góticas

et il a mené des expéditions qui ont mis dans l'ombre tous les anciens Exodes des nations et les croisades

e realizou expedições que colocaram na sombra todos os antigos Êxodos de nações e cruzadas

La bourgeoisie ne peut exister sans révolutionner sans cesse les instruments de production

A burguesia não pode existir sem revolucionar constantemente os instrumentos de produção

et par conséquent elle ne peut exister sans ses rapports à la production

e, portanto, não pode existir sem as suas relações de produção

et donc elle ne peut exister sans ses relations avec la société

e, portanto, não pode existir sem as suas relações com a sociedade

Toutes les classes industrielles antérieures avaient une condition en commun

Todas as classes industriais anteriores tinham uma condição em comum

Ils s'appuyaient sur la conservation des anciens modes de production

Apoiavam-se na conservação dos antigos modos de produção

mais la bourgeoisie a apporté avec elle une dynamique tout à fait nouvelle

mas a burguesia trouxe consigo uma dinâmica completamente nova

Révolution constante de la production et perturbation ininterrompue de toutes les conditions sociales

Constante revolução da produção e perturbação ininterrupta de todas as condições sociais

cette incertitude et cette agitation perpétuelles distinguent l'époque bourgeoise de toutes les époques antérieures

esta eterna incerteza e agitação distingue a época burguesa de todas as anteriores;

Les relations antérieures avec la production s'accompagnaient de préjugés et d'opinions anciens et vénérables

As relações anteriores com a produção vieram com preconceitos e opiniões antigas e veneráveis

Mais toutes ces relations figées et figées sont balayées d'un revers de main

Mas todas essas relações fixas e congeladas são varridas

Toutes les relations nouvellement formées deviennent archaïques avant de pouvoir s'ossifier

todas as relações recém-formadas tornam-se antiquadas antes de poderem ossificar

Tout ce qui est solide se fond dans l'air, et tout ce qui est saint est profané

Tudo o que é sólido derrete no ar, e tudo o que é santo é profanado

L'homme est enfin forcé de faire face, avec des sens sobres, à ses conditions réelles de vie

o homem é finalmente compelido a enfrentar com sentidos sóbrios, as suas reais condições de vida

et il est obligé de faire face à ses relations avec les siens

e é obrigado a enfrentar as suas relações com a sua espécie

La bourgeoisie a constamment besoin d'élargir ses marchés pour ses produits

A burguesia precisa constantemente expandir seus mercados para seus produtos

et, à cause de cela, la bourgeoisie est poursuivie sur toute la surface du globe

e, por isso, a burguesia é perseguida por toda a superfície do globo

La bourgeoisie doit se nicher partout, s'installer partout, établir des liens partout

A burguesia deve aninhar-se em todos os lugares, instalar-se em todos os lugares, estabelecer conexões em todos os lugares

La bourgeoisie doit créer des marchés dans tous les coins du monde pour exploiter

A burguesia deve criar mercados em todos os cantos do mundo para explorar

La production et la consommation dans tous les pays ont reçu un caractère cosmopolite

A produção e o consumo em todos os países receberam um carácter cosmopolita

le chagrin des réactionnaires est palpable, mais il s'est poursuivi malgré tout

o desgosto dos reacionários é palpável, mas manteve-se independentemente

La bourgeoisie a tiré de dessous les pieds de l'industrie le terrain national sur lequel elle se trouvait

A burguesia tirou de debaixo dos pés da indústria o terreno nacional em que se encontrava

Toutes les anciennes industries nationales ont été détruites, ou sont détruites chaque jour

todas as antigas indústrias nacionais foram destruídas, ou estão a ser destruídas diariamente

Toutes les anciennes industries nationales sont délogées par de nouvelles industries

todas as antigas indústrias nacionais são desalojadas por novas indústrias

Leur introduction devient une question de vie ou de mort pour toutes les nations civilisées

A sua introdução torna-se uma questão de vida ou morte para todas as nações civilizadas

Ils sont délogés par les industries qui ne travaillent plus la matière première indigène

são desalojados por indústrias que já não produzem matéria-prima autóctone

Au lieu de cela, ces industries extraient des matières premières des zones les plus reculées

Em vez disso, estas indústrias retiram matérias-primas das zonas mais remotas

dont les produits sont consommés, non seulement chez nous, mais dans tous les coins du monde

indústrias cujos produtos são consumidos, não só em casa, mas em todos os quartos do globo

À la place des anciens besoins, satisfaits par les productions du pays, nous trouvons de nouveaux besoins

No lugar dos velhos desejos, satisfeitos pelas produções do país, encontramos novos desejos

Ces nouveaux besoins exigent pour leur satisfaction les produits des pays et des climats lointains

Estes novos desejos exigem para a sua satisfação os produtos de terras e climas distantes

À la place de l'ancien isolement et de l'autosuffisance locaux et nationaux, nous avons le commerce

No lugar da antiga reclusão e autossuficiência local e nacional, temos o comércio

les échanges internationaux dans toutes les directions ; l'interdépendance universelle des nations

intercâmbio internacional em todas as direções; interdependência universal das nações

Et de même que nous sommes dépendants des matériaux, nous sommes dépendants de la production intellectuelle

E assim como dependemos dos materiais, também dependemos da produção intelectual

Les créations intellectuelles des nations individuelles deviennent la propriété commune

As criações intelectuais de nações individuais tornam-se propriedade comum

L'unilatéralité nationale et l'étroitesse d'esprit deviennent de plus en plus impossibles

A unilateralidade e a estreiteza de espírito nacionais tornam-se cada vez mais impossíveis

et des nombreuses littératures nationales et locales, surgit une littérature mondiale

e das inúmeras literaturas nacionais e locais, surge uma literatura mundial

par l'amélioration rapide de tous les instruments de production

pelo rápido aperfeiçoamento de todos os instrumentos de produção

par les moyens de communication immensément facilités

pelos meios de comunicação imensamente facilitados

La bourgeoisie entraîne tout le monde (même les nations les plus barbares) dans la civilisation

A burguesia atrai todas (mesmo as nações mais bárbaras) para a civilização

Les prix bon marché de ses marchandises ; l'artillerie lourde qui abat toutes les murailles chinoises

Os preços baratos de suas commodities; a artilharia pesada
que derruba todas as muralhas chinesas
**La haine obstinée des barbares contre les étrangers est forcée
de capituler**
O ódio intensamente obstinado dos bárbaros aos estrangeiros
é forçado a capitular
**Elle oblige toutes les nations, sous peine d'extinction, à
adopter le mode de production bourgeois**
Obriga todas as nações, sob pena de extinção, a adotar o modo
de produção burguês
**elle les oblige à introduire ce qu'elle appelle la civilisation
en leur sein**
obriga-os a introduzir o que chama civilização no seu meio
**La bourgeoisie force les barbares à devenir eux-mêmes
bourgeois**
A burguesia força os bárbaros a tornarem-se eles próprios
burgueses
en un mot, la bourgeoisie crée un monde à son image
numa palavra, a burguesia cria um mundo à sua própria
imagem
**La bourgeoisie a soumis les campagnes à la domination des
villes**
A burguesia submeteu o campo ao domínio das cidades
**Il a créé d'énormes villes et considérablement augmenté la
population urbaine**
Criou cidades enormes e aumentou muito a população urbana
**Il a sauvé une partie considérable de la population de
l'idiotie de la vie rurale**
resgatou uma parte considerável da população da idiotice da
vida rural
mais elle a rendu les ruraux dépendants des villes
mas tornou os do campo dependentes das cidades
**et de même, elle a rendu les pays barbares dépendants des
pays civilisés**
e, do mesmo modo, tornou os países bárbaros dependentes
dos civilizados

nations paysannes sur nations bourgeoises, l'Orient sur Occident

nações de camponeses sobre nações de burguesia, o Oriente sobre o Ocidente

La bourgeoisie se débarrasse de plus en plus de l'éparpillement de la population

A burguesia acaba com o estado disperso da população cada vez mais

Il a une production agglomérée et a concentré la propriété entre quelques mains

Tem produção aglomerada, e tem propriedade concentrada em poucas mãos

La conséquence nécessaire de cela a été la centralisation politique

A consequência necessária foi a centralização política

Il y avait eu des nations indépendantes et des provinces vaguement reliées entre elles

havia nações independentes e províncias pouco conectadas

Ils avaient des intérêts, des lois, des gouvernements et des systèmes d'imposition distincts

tinham interesses, leis, governos e sistemas fiscais distintos

Mais ils ont été regroupés en une seule nation, avec un seul gouvernement

Mas eles se agruparam em uma nação, com um único governo

Ils ont maintenant un intérêt de classe national, une frontière et un tarif douanier

têm agora um interesse de classe nacional, uma fronteira e uma pauta aduaneira

Et cet intérêt de classe national est unifié sous un seul code de loi

e este interesse de classe nacional é unificado sob um código de lei

la bourgeoisie a accompli beaucoup de choses au cours de son règne d'à peine cent ans

a burguesia conseguiu muito durante o seu governo de escassos cem anos

forces productives plus massives et plus colossales que toutes les générations précédentes réunies

forças produtivas mais maciças e colossais do que todas as gerações anteriores juntas

Les forces de la nature sont soumises à la volonté de l'homme et de ses machines

As forças da natureza estão subjugadas à vontade do homem e da sua maquinaria

La chimie s'applique à toutes les formes d'industrie et à tous les types d'agriculture

A química é aplicada a todas as formas de indústria e tipos de agricultura

la navigation à vapeur, les chemins de fer, les télégraphes électriques et l'imprimerie

navegação a vapor, ferrovias, telégrafos elétricos e imprensa

défrichement de continents entiers pour la culture, canalisation des rivières

limpeza de continentes inteiros para cultivo, canalização de rios

Des populations entières ont été extirpées du sol et mises au travail

populações inteiras foram retiradas do solo e postas a trabalhar

Quel siècle précédent avait ne serait-ce qu'un pressentiment de ce qui pourrait être déchaîné ?

Que século anterior tinha sequer um pressentimento do que poderia ser desencadeado?

Qui aurait prédit que de telles forces productives sommeillaient dans le giron du travail social ?

Quem previu que tais forças produtivas dormiam no colo do trabalho social?

Nous voyons donc que les moyens de production et d'échange ont été générés dans la société féodale

Vemos então que os meios de produção e de troca foram gerados na sociedade feudal

les moyens de production sur la base desquels la bourgeoisie s'est construite

os meios de produção sobre cujos alicerces a burguesia se construiu

À un certain stade du développement de ces moyens de production et d'échange

Numa determinada fase do desenvolvimento destes meios de produção e de troca

les conditions dans lesquelles la société féodale produisait et échangeait

as condições em que a sociedade feudal produzia e trocava

L'organisation féodale de l'agriculture et de l'industrie manufacturière

a organização feudal da agricultura e da indústria transformadora

Les rapports féodaux de propriété n'étaient plus compatibles avec les conditions matérielles

as relações feudais de propriedade já não eram compatíveis com as condições materiais

Ils devaient être brisés, alors ils ont été brisés

Eles tinham que ser estourados, então eles foram estourados

À leur place s'est ajoutée la libre concurrence des forces productives

Em seu lugar entrou a livre concorrência das forças produtivas

et ils étaient accompagnés d'une constitution sociale et politique adaptée à celle-ci

e foram acompanhadas por uma constituição social e política adaptada a ela

et elle s'accompagnait de l'emprise économique et politique de la classe bourgeoise

e foi acompanhada pela influência econômica e política da classe burguesa

Un mouvement similaire est en train de se produire sous nos yeux

Um movimento semelhante está acontecendo diante de nossos próprios olhos

La société bourgeoise moderne avec ses rapports de production, d'échange et de propriété
A sociedade burguesa moderna com suas relações de produção, de troca e de propriedade
une société qui a inventé des moyens de production et d'échange aussi gigantesques
uma sociedade que conjurou meios de produção e de troca tão gigantescos
C'est comme le sorcier qui a invoqué les puissances de l'au-delà
É como o feiticeiro que convocou os poderes do mundo Nether
Mais il n'est plus capable de contrôler ce qu'il a mis au monde
Mas ele não é mais capaz de controlar o que trouxe ao mundo
Pendant de nombreuses décennies, l'histoire a été liée par un fil conducteur
Durante muitas décadas, a história passada esteve ligada por um fio condutor
L'histoire de l'industrie et du commerce n'a été que l'histoire des révoltes
A história da indústria e do comércio não passou da história das revoltas
Les révoltes des forces productives modernes contre les conditions modernes de production
as revoltas das forças produtivas modernas contra as modernas condições de produção
Les révoltes des forces productives modernes contre les rapports de propriété
As revoltas das forças produtivas modernas contra as relações de propriedade
ces rapports de propriété sont les conditions de l'existence de la bourgeoisie
essas relações de propriedade são as condições para a existência da burguesia

et l'existence de la bourgeoisie détermine les règles des rapports de propriété

e a existência da burguesia determina as regras das relações de propriedade

Il suffit de mentionner le retour périodique des crises commerciales

Basta referir o regresso periódico das crises comerciais

chaque crise commerciale est plus menaçante pour la société bourgeoise que la précédente

cada crise comercial é mais ameaçadora para a sociedade burguesa do que a anterior

Dans ces crises, une grande partie des produits existants sont détruits

Nestas crises, uma grande parte dos produtos existentes é destruída

Mais ces crises détruisent aussi les forces productives créées précédemment

Mas essas crises também destroem as forças produtivas previamente criadas

Dans toutes les époques antérieures, ces épidémies auraient semblé une absurdité

Em todas as épocas anteriores, estas epidemias teriam parecido um absurdo

parce que ces épidémies sont les crises commerciales de la surproduction

porque estas epidemias são as crises comerciais da sobreprodução

La société se trouve soudain remise dans un état de barbarie momentanée

A sociedade vê-se subitamente colocada de novo num estado de barbárie momentânea

comme si une guerre universelle de dévastation avait coupé tous les moyens de subsistance

como se uma guerra universal de devastação tivesse cortado todos os meios de subsistência

l'industrie et le commerce semblent avoir été détruits ; Et pourquoi ?

a indústria e o comércio parecem ter sido destruídos; e porquê?

Parce qu'il y a trop de civilisation et de moyens de subsistance

Porque há demasiada civilização e meios de subsistência

et parce qu'il y a trop d'industrie et trop de commerce

e porque há demasiada indústria e demasiado comércio

Les forces productives à la disposition de la société ne développent plus la propriété bourgeoise

As forças produtivas à disposição da sociedade não desenvolvem mais a propriedade burguesa

au contraire, ils sont devenus trop puissants pour ces conditions, par lesquelles ils sont enchaînés

pelo contrário, tornaram-se demasiado poderosos para estas condições, pelas quais estão limitados

dès qu'ils surmontent ces entraves, ils mettent le désordre dans toute la société bourgeoise

assim que superam esses grilhões, trazem desordem a toda a sociedade burguesa

et les forces productives mettent en danger l'existence de la propriété bourgeoise

e as forças produtivas colocam em risco a existência da propriedade burguesa

Les conditions de la société bourgeoise sont trop étroites pour englober les richesses qu'elles créent

As condições da sociedade burguesa são demasiado estreitas para abarcar a riqueza por elas criada.

Et comment la bourgeoisie surmonte-t-elle ces crises ?

E como a burguesia supera essas crises?

D'une part, elle surmonte ces crises par la destruction forcée d'une masse de forces productives

Por um lado, supera estas crises com a destruição forçada de uma massa de forças produtivas

D'autre part, elle surmonte ces crises par la conquête de nouveaux marchés

Por outro lado, supera essas crises pela conquista de novos mercados

et elle surmonte ces crises par l'exploitation plus poussée des anciennes forces productives

e supera essas crises pela exploração mais profunda das velhas forças de produção

C'est-à-dire en ouvrant la voie à des crises plus étendues et plus destructrices

Ou seja, abrindo caminho a crises mais extensas e mais destrutivas

elle surmonte la crise en diminuant les moyens de prévention des crises

supera a crise diminuindo os meios de prevenção das crises

Les armes avec lesquelles la bourgeoisie a abattu le féodalisme sont maintenant retournées contre elle-même

As armas com que a burguesia derrubou o feudalismo estão agora voltadas contra si mesma

Mais non seulement la bourgeoisie a-t-elle forgé les armes qui lui apportent la mort

Mas não só a burguesia forjou as armas que trazem a morte para si mesma

Il a également appelé à l'existence les hommes qui doivent manier ces armes

chamou também à existência os homens que devem empunhar essas armas

Et ces hommes sont la classe ouvrière moderne ; Ce sont les prolétaires

e esses homens são a classe trabalhadora moderna; são os proletários

À mesure que la bourgeoisie se développe, le prolétariat se développe dans la même proportion

Na mesma proporção em que a burguesia se desenvolve, na mesma proporção se desenvolve o proletariado

La classe ouvrière moderne a développé une classe d'ouvriers

A classe operária moderna desenvolveu uma classe de trabalhadores

Cette classe d'ouvriers ne vit que tant qu'elle trouve du travail

Esta classe de trabalhadores vive apenas enquanto encontrar trabalho

et ils ne trouvent de travail qu'aussi longtemps que leur travail augmente le capital

e só encontram trabalho enquanto o seu trabalho aumenta o capital

Ces ouvriers, qui doivent se vendre à la pièce, sont une marchandise

Estes trabalhadores, que têm de se vender aos poucos, são uma mercadoria

Ces ouvriers sont comme tous les autres articles de commerce

estes trabalhadores são como qualquer outro artigo de comércio

et, par conséquent, ils sont exposés à toutes les vicissitudes de la concurrence

e, consequentemente, estão expostos a todas as vicissitudes da concorrência

Ils doivent faire face à toutes les fluctuations du marché

têm de resistir a todas as flutuações do mercado

En raison de l'utilisation intensive des machines et de la division du travail

Devido ao uso extensivo de máquinas e à divisão do trabalho

Le travail des prolétaires a perdu tout caractère individuel

O trabalho dos proletários perdeu todo o caráter individual

et, par conséquent, le travail des prolétaires a perdu tout charme pour l'ouvrier

e, consequentemente, o trabalho dos proletários perdeu todo o encanto para o operário

Il devient un appendice de la machine, plutôt que l'homme qu'il était autrefois

Ele se torna um apêndice da máquina, em vez do homem que ele já foi

On n'exige de lui que l'habileté la plus simple, la plus monotone et la plus facile à acquérir

apenas lhe é exigido o talento mais simples, monótono e mais facilmente adquirido

Par conséquent, le coût de production d'un ouvrier est limité

Assim, o custo de produção de um operário é restrito

elle se limite presque entièrement aux moyens de subsistance dont il a besoin pour son entretien

restringe-se quase inteiramente aos meios de subsistência de que necessita para o seu sustento

et elle est limitée aux moyens de subsistance dont il a besoin pour la propagation de sa race

e restringe-se aos meios de subsistência de que necessita para a propagação da sua raça

Mais le prix d'une marchandise, et par conséquent aussi du travail, est égal à son coût de production

Mas o preço de uma mercadoria e, portanto, também do trabalho, é igual ao seu custo de produção

C'est pourquoi, à mesure que le travail répugnant augmente, le salaire diminue

Na proporção, portanto, à medida que a repulsividade do trabalho aumenta, o salário diminui

Bien plus, le caractère répugnant de son travail augmente à un rythme encore plus grand

Não, a repulsividade do seu trabalho aumenta a um ritmo ainda maior

À mesure que l'utilisation des machines et la division du travail augmentent, le fardeau du labeur augmente également

À medida que aumenta a utilização de maquinaria e a divisão do trabalho, aumenta também o peso da labuta

La charge de travail est augmentée par la prolongation du temps de travail

O peso da labuta é aumentado pelo prolongamento do horário de trabalho

On attend plus de l'ouvrier dans le même temps qu'auparavant

espera-se mais do trabalhador no mesmo tempo que antes

Et bien sûr, le poids du labeur est augmenté par la vitesse de la machine

e, claro, a carga da labuta é aumentada pela velocidade do maquinário

L'industrie moderne a transformé le petit atelier du maître patriarcal en la grande usine du capitaliste industriel

A indústria moderna converteu a pequena oficina do mestre patriarcal na grande fábrica do capitalista industrial

Des masses d'ouvriers, entassés dans l'usine, s'organisent comme des soldats

Massas de trabalhadores, amontoados na fábrica, organizam-se como soldados

En tant que simples soldats de l'armée industrielle, ils sont placés sous le commandement d'une hiérarchie parfaite d'officiers et de sergents

Como soldados do exército industrial, são colocados sob o comando de uma hierarquia perfeita de oficiais e sargentos

ils ne sont pas seulement les esclaves de la classe bourgeoise et de l'État

não são apenas escravos da classe burguesa e do Estado

Mais ils sont aussi asservis quotídiennement et d'heure en heure par la machine

mas também são escravizados diária e horariamente pela máquina

ils sont asservis par le surveillant, et surtout par le fabricant bourgeois lui-même

são escravizados pelo vigiador e, sobretudo, pelo próprio fabricante individual da burguesia

Plus ce despotisme proclame ouvertement que le gain est sa fin et son but, plus il est mesquin, plus haïssable et plus aigri

Quanto mais abertamente este despotismo proclama o ganho como sendo o seu fim e objetivo, mais mesquinho, mais odioso e mais amargo é

Plus l'industrie moderne se développe, moins les différences entre les sexes sont grandes

quanto mais moderna a indústria se desenvolve, menores são as diferenças entre os sexos

Moins le travail manuel exige d'habileté et d'effort de force, plus le travail des hommes est supplanté par celui des femmes

Quanto menor a habilidade e o esforço de força implicados no trabalho manual, mais o trabalho dos homens é substituído pelo das mulheres

Les différences d'âge et de sexe n'ont plus de validité sociale distincte pour la classe ouvrière

As diferenças de idade e sexo já não têm qualquer validade social distintiva para a classe trabalhadora

Tous sont des instruments de travail, plus ou moins coûteux à utiliser, selon leur âge et leur sexe

Todos são instrumentos de trabalho, mais ou menos dispendiosos de usar, consoante a sua idade e sexo

dès que l'ouvrier reçoit son salaire en espèces, il est attaqué par les autres parties de la bourgeoisie

assim que o trabalhador recebe seu salário em dinheiro, ele é imposto pelas outras parcelas da burguesia

le propriétaire, le commerçant, le prêteur sur gages, etc

o senhorio, o comerciante, o corretor de penhores, etc

Les couches inférieures de la classe moyenne ; les petits commerçants et les commerçants

Os estratos mais baixos da classe média; os pequenos comerciantes e lojistas

les commerçants retraités en général, et les artisans et les paysans

os comerciantes reformados em geral, e os artesãos e
camponeses

tout cela s'enfonce peu à peu dans le prolétariat

tudo isso se afunda gradualmente no proletariado

en partie parce que leur petit capital ne suffit pas à l'échelle
sur laquelle l'industrie moderne est exercée

em parte porque o seu capital diminuto não é suficiente para a
escala em que a Indústria Moderna é levada a cabo

et parce qu'elle est submergée par la concurrence avec les
grands capitalistes

e porque está inundada na concorrência com os grandes
capitalistas

en partie parce que leur savoir-faire spécialisé est rendu sans
valeur par les nouvelles méthodes de production

em parte porque a sua competência especializada se torna
inútil devido aos novos métodos de produção

Ainsi le prolétariat se recrute dans toutes les classes de la
population

Assim, o proletariado é recrutado de todas as classes da
população

Le prolétariat passe par différents stades de développement

O proletariado passa por vários estágios de desenvolvimento

Avec sa naissance commence sa lutte contre la bourgeoisie

Com o seu nascimento começa a sua luta com a burguesia

Dans un premier temps, la lutte est menée par des ouvriers
individuels

Em primeiro lugar, o concurso é realizado por trabalhadores
individuais

Ensuite, le concours est mené par les ouvriers d'une usine

em seguida, o concurso é realizado pelos trabalhadores de
uma fábrica

Ensuite, la lutte est menée par les agents d'un métier, dans
une localité

em seguida, o concurso é realizado pelos operadores de um
comércio, em uma localidade

et la lutte est alors contre la bourgeoisie individuelle qui les exploite directement

e a disputa é então contra a burguesia individual que os explora diretamente

Ils ne dirigent pas leurs attaques contre les conditions de production de la bourgeoisie

Dirigem seus ataques não contra as condições de produção da burguesia

mais ils dirigent leur attaque contre les instruments de production eux-mêmes

mas dirigem o seu ataque contra os próprios instrumentos de produção

Ils détruisent les marchandises importées qui font concurrence à leur main-d'œuvre

destroem produtos importados que competem com a sua mão de obra

Ils brisent les machines et mettent le feu aux usines

despedaçam maquinaria e incendeiam fábricas

ils cherchent à restaurer par la force le statut disparu de l'ouvrier du Moyen Âge

procuram restaurar pela força o estatuto desaparecido do operário da Idade Média

À ce stade, les ouvriers forment encore une masse incohérente dispersée dans tout le pays

Nesta fase, os trabalhadores ainda formam uma massa incoerente espalhada por todo o país

et ils sont brisés par leur concurrence mutuelle

e são desmembrados pela concorrência mútua

S'ils s'unissent quelque part pour former des corps plus compacts, ce n'est pas encore la conséquence de leur propre union active

Se em algum lugar eles se unem para formar corpos mais compactos, isso ainda não é consequência de sua própria união ativa

mais c'est une conséquence de l'union de la bourgeoisie, d'atteindre ses propres fins politiques

mas é uma consequência da união da burguesia, para atingir seus próprios fins políticos

la bourgeoisie est obligée de mettre en mouvement tout le prolétariat

a burguesia é obrigada a pôr todo o proletariado em movimento

et d'ailleurs, pour un temps, la bourgeoisie est capable de le faire

e, além disso, por enquanto, a burguesia é capaz de fazê-lo

À ce stade, les prolétaires ne combattent donc pas leurs ennemis

Nesta fase, portanto, os proletários não lutam contra seus inimigos

mais au lieu de cela, ils combattent les ennemis de leurs ennemis

mas, em vez disso, eles estão lutando contra os inimigos de seus inimigos

La lutte contre les vestiges de la monarchie absolue et les propriétaires terriens

a luta contra os remanescentes da monarquia absoluta e os latifundiários

ils combattent la bourgeoisie non industrielle ; la petite bourgeoisie

combatem a burguesia não-industrial; a pequena burguesia

Ainsi tout le mouvement historique est concentré entre les mains de la bourgeoisie

Assim, todo o movimento histórico está concentrado nas mãos da burguesia

chaque victoire ainsi obtenue est une victoire pour la bourgeoisie

cada vitória assim obtida é uma vitória da burguesia

Mais avec le développement de l'industrie, le prolétariat ne se contente pas d'augmenter en nombre

Mas, com o desenvolvimento da indústria, o proletariado não só aumenta em número

le prolétariat se concentre en masses plus grandes et sa force s'accroît
o proletariado concentra-se em massas maiores e a sua força cresce
et le prolétariat ressent de plus en plus cette force
e o proletariado sente cada vez mais essa força
Les divers intérêts et conditions de vie dans les rangs du prolétariat sont de plus en plus égalisés
Os vários interesses e condições de vida dentro das fileiras do proletariado são cada vez mais equalizados
elles deviennent plus proportionnelles à mesure que les machines effacent toutes les distinctions de travail
tornam-se mais proporcionais à medida que a maquinaria oblitera todas as distinções de trabalho
et les machines réduisent presque partout les salaires au même bas niveau
e as máquinas em quase todo o lado reduzem os salários para o mesmo nível baixo
La concurrence croissante entre la bourgeoisie et les crises commerciales qui en résultent rendent les salaires des ouvriers de plus en plus fluctuants
A crescente concorrência entre a burguesia e as consequentes crises comerciais tornam os salários dos trabalhadores cada vez mais flutuantes
L'amélioration incessante des machines, qui se développe de plus en plus rapidement, rend leurs moyens d'existence de plus en plus précaires
O aperfeiçoamento incessante das máquinas, em desenvolvimento cada vez mais rápido, torna a sua subsistência cada vez mais precária
les collisions entre les ouvriers individuels et la bourgeoisie individuelle prennent de plus en plus le caractère de collisions entre deux classes
as colisões entre operários individuais e burguesias individuais assumem cada vez mais o caráter de colisões entre duas classes

Là-dessus, les ouvriers commencent à former des associations (syndicats) contre la bourgeoisie

A partir daí, os trabalhadores começam a formar combinações (Sindicatos) contra a burguesia

Ils s'associent pour maintenir le taux des salaires

eles se unem para manter o ritmo dos salários

Ils fondèrent des associations permanentes afin de pourvoir à l'avance à ces révoltes occasionnelles

fundaram associações permanentes para se preverem previamente a estas revoltas ocasionais

Ici et là, la lutte éclate en émeutes

Aqui e ali a disputa irrompe em tumultos

De temps en temps, les ouvriers sont victorieux, mais seulement pour un temps

De vez em quando os trabalhadores saem vitoriosos, mas só por um tempo

Le vrai fruit de leurs luttes n'est pas dans le résultat immédiat, mais dans l'union toujours plus grande des travailleurs

O verdadeiro fruto das suas batalhas reside, não no resultado imediato, mas na união dos trabalhadores em constante expansão

Cette union est favorisée par les moyens de communication améliorés créés par l'industrie moderne

Esta união é ajudada pelos meios de comunicação melhorados que são criados pela indústria moderna

La communication moderne met en contact les travailleurs de différentes localités les uns avec les autres

A comunicação moderna coloca os trabalhadores de diferentes localidades em contato uns com os outros

C'était précisément ce contact qui était nécessaire pour centraliser les nombreuses luttes locales en une lutte nationale entre les classes

Era precisamente este contacto que era necessário para centralizar as numerosas lutas locais numa luta nacional entre classes

Toutes ces luttes sont du même caractère, et toute lutte de classe est une lutte politique

Todas estas lutas têm o mesmo carácter, e cada luta de classes é uma luta política

les bourgeois du moyen âge, avec leurs misérables routes, mettaient des siècles à former leurs syndicats

os burgueses da Idade Média, com suas estradas miseráveis, precisaram de séculos para formar suas uniões

Les prolétaires modernes, grâce aux chemins de fer, réalisent leurs syndicats en quelques années

Os proletários modernos, graças às ferrovias, alcançam suas uniões em poucos anos

Cette organisation des prolétaires en classe les a donc formés en parti politique

Esta organização dos proletários em uma classe consequentemente os formou em um partido político

La classe politique est continuellement bouleversée par la concurrence entre les travailleurs eux-mêmes

A classe política está continuamente a ser perturbada novamente pela concorrência entre os próprios trabalhadores

Mais la classe politique continue de se soulever, plus forte, plus ferme, plus puissante

Mas a classe política continua a levantar-se, mais forte, mais firme, mais poderosa

Elle oblige la législation à reconnaître les intérêts particuliers des travailleurs

Obriga ao reconhecimento legislativo dos interesses particulares dos trabalhadores

il le fait en profitant des divisions au sein de la bourgeoisie elle-même

fá-lo aproveitando-se das divisões entre a própria burguesia

C'est ainsi qu'en Angleterre fut promulguée la loi sur les dix heures

Assim, a lei das dez horas em Inglaterra foi transformada em lei

à bien des égards, les collisions entre les classes de l'ancienne société sont en outre le cours du développement du prolétariat

em muitos aspetos, as colisões entre as classes da velha sociedade são ainda o curso do desenvolvimento do proletariado

La bourgeoisie se trouve engagée dans une bataille de tous les instants

A burguesia encontra-se envolvida numa batalha constante

Dans un premier temps, il se trouvera impliqué dans une bataille constante avec l'aristocratie

A princípio, ele se verá envolvido em uma batalha constante com a aristocracia

plus tard, elle se trouvera engagée dans une lutte constante avec ces parties de la bourgeoisie elle-même

mais tarde, ver-se-á envolvido numa batalha constante com essas parcelas da própria burguesia

et leurs intérêts seront devenus antagonistes au progrès de l'industrie

e os seus interesses ter-se-ão tornado antagónicos ao progresso da indústria

à tout moment, leurs intérêts seront devenus antagonistes avec la bourgeoisie des pays étrangers

em todos os momentos, seus interesses terão se tornado antagônicos com a burguesia de países estrangeiros

Dans toutes ces batailles, elle se voit obligée de faire appel au prolétariat et lui demande son aide

Em todas estas batalhas vê-se compelido a apelar ao proletariado e pede a sua ajuda

Et ainsi, il se sentira obligé de l'entraîner dans l'arène politique

e, assim, sentir-se-á compelido a arrastá-lo para a arena política

C'est pourquoi la bourgeoisie elle-même fournit au prolétariat ses propres instruments d'éducation politique et générale

A própria burguesia, portanto, fornece ao proletariado seus próprios instrumentos de educação política e geral

c'est-à-dire qu'il fournit au prolétariat des armes pour combattre la bourgeoisie

em outras palavras, fornece ao proletariado armas para combater a burguesia

De plus, comme nous l'avons déjà vu, des sections entières des classes dominantes sont précipitées dans le prolétariat

Além disso, como já vimos, setores inteiros das classes dominantes são precipitados no proletariado

le progrès de l'industrie les aspire dans le prolétariat

o avanço da indústria os suga para o proletariado

ou, du moins, ils sont menacés dans leurs conditions d'existence

ou, pelo menos, estão ameaçados nas suas condições de existência

Ceux-ci fournissent également au prolétariat de nouveaux éléments d'illumination et de progrès

Estes também fornecem ao proletariado novos elementos de esclarecimento e progresso

Enfin, à l'approche de l'heure décisive de la lutte des classes

Finalmente, nos tempos em que a luta de classes se aproxima da hora decisiva

le processus de dissolution en cours au sein de la classe dirigeante

o processo de dissolução em curso no seio da classe dominante

En fait, la dissolution en cours au sein de la classe dirigeante se fera sentir dans toute la société

De facto, a dissolução em curso no seio da classe dominante far-se-á sentir em toda a sociedade

Il prendra un caractère si violent et si flagrant qu'une petite partie de la classe dirigeante se laissera aller à la dérive

assumirá um carácter tão violento e flagrante que uma pequena parte da classe dominante se deixa à deriva

et que la classe dirigeante rejoindra la classe révolutionnaire

e que a classe dominante se juntará à classe revolucionária

La classe révolutionnaire étant la classe qui tient l'avenir entre ses mains

sendo a classe revolucionária a classe que tem o futuro nas suas mãos

Comme à une époque antérieure, une partie de la noblesse passa dans la bourgeoisie

Tal como num período anterior, uma parte da nobreza passou para a burguesia

de la même manière qu'une partie de la bourgeoisie passera au prolétariat

da mesma forma que uma parcela da burguesia irá para o proletariado

en particulier, une partie de la bourgeoisie passera à une partie des idéologues de la bourgeoisie

em particular, uma parcela da burguesia irá para uma parcela dos ideólogos da burguesia

Des idéologues bourgeois qui se sont élevés au niveau de la compréhension théorique du mouvement historique dans son ensemble

Ideólogos burgueses que se elevaram ao nível de compreender teoricamente o movimento histórico como um todo

De toutes les classes qui se trouvent aujourd'hui en face de la bourgeoisie, seule le prolétariat est une classe vraiment révolutionnaire

De todas as classes que hoje estão frente a frente com a burguesia, só o proletariado é uma classe realmente revolucionária

Les autres classes se dégradent et finissent par disparaître devant l'industrie moderne

As outras classes decaem e finalmente desaparecem diante da Indústria Moderna

le prolétariat est son produit spécial et essentiel

o proletariado é o seu produto especial e essencial

La petite bourgeoisie, le petit industriel, le commerçant, l'artisan, le paysan

A classe média baixa, o pequeno fabricante, o comerciante, o artesão, o camponês

toutes ces luttes contre la bourgeoisie

todos estes lutam contra a burguesia

Ils se battent en tant que fractions de la classe moyenne pour se sauver de l'extinction

lutam como frações da classe média para se salvarem da extinção

Ils ne sont donc pas révolutionnaires, mais conservateurs

Não são, portanto, revolucionários, mas conservadores

Bien plus, ils sont réactionnaires, car ils essaient de faire reculer la roue de l'histoire

Mais ainda, são reacionários, pois tentam inverter a roda da história

Si par hasard ils sont révolutionnaires, ils ne le sont qu'en vue de leur transfert imminent dans le prolétariat

Se por acaso são revolucionários, só o são tendo em vista a sua iminente transferência para o proletariado

Ils défendent ainsi non pas leurs intérêts présents, mais leurs intérêts futurs

defendem, assim, não o seu presente, mas os seus interesses futuros

ils désertent leur propre point de vue pour se placer à celui du prolétariat

abandonam o seu próprio ponto de vista para se colocarem no do proletariado

La « classe dangereuse », la racaille sociale, cette masse en décomposition passive rejetée par les couches les plus basses de la vieille société

A "classe perigosa", a escória social, essa massa passivamente apodrecida expulsa pelas camadas mais baixas da velha sociedade

Ils peuvent, ici et là, être entraînés dans le mouvement par une révolution prolétarienne

podem, aqui e ali, ser arrastados para o movimento por uma revolução proletária

Ses conditions de vie, cependant, le préparent beaucoup plus au rôle d'instrument soudoyé de l'intrigue réactionnaire

suas condições de vida, no entanto, preparam-no muito mais para o papel de um instrumento subornado de intriga reacionária

Dans les conditions du prolétariat, ceux de l'ancienne société dans son ensemble sont déjà virtuellement submergés

Nas condições do proletariado, as da velha sociedade em geral já estão praticamente inundadas

Le prolétaire est sans propriété

O proletário está sem propriedade

ses rapports avec sa femme et ses enfants n'ont plus rien de commun avec les relations familiales de la bourgeoisie

sua relação com a esposa e os filhos não tem mais nada em comum com as relações familiares da burguesia

le travail industriel moderne, la sujétion moderne au capital, la même en Angleterre qu'en France, en Amérique comme en Allemagne

trabalho industrial moderno, sujeição moderna ao capital, o mesmo na Inglaterra como na França, na América como na Alemanha

Sa condition dans la société l'a dépouillé de toute trace de caractère national

a sua condição na sociedade despojou-o de todos os vestígios de carácter nacional

La loi, la morale, la religion, sont pour lui autant de préjugés bourgeois

O direito, a moral, a religião, são para ele tantos preconceitos burgueses

et derrière ces préjugés se cachent en embuscade autant d'intérêts bourgeois

e por detrás destes preconceitos escondem-se em emboscada tantos interesses burgueses

Toutes les classes précédentes, qui ont pris le dessus, ont cherché à fortifier leur statut déjà acquis

Todas as classes anteriores que obtiveram vantagem, procuraram fortalecer o seu estatuto já adquirido

Ils l'ont fait en soumettant la société dans son ensemble à leurs conditions d'appropriation

Fizeram-no submetendo a sociedade em geral às suas condições de apropriação

Les prolétaires ne peuvent pas devenir maîtres des forces productives de la société

Os proletários não podem tornar-se senhores das forças produtivas da sociedade

elle ne peut le faire qu'en abolissant son propre mode d'appropriation antérieur

só o pode fazer abolindo o seu próprio modo anterior de apropriação

et par là même elle abolit tout autre mode d'appropriation antérieur

e, assim, também abole qualquer outro modo anterior de apropriação

Ils n'ont rien à eux pour s'assurer et se fortifier

Eles não têm nada de próprio para garantir e fortificar

Leur mission est de détruire toutes les sûretés antérieures et les assurances de biens individuels

A sua missão é destruir todos os títulos anteriores e seguros de propriedade individual

Tous les mouvements historiques antérieurs étaient des mouvements de minorités

Todos os movimentos históricos anteriores eram movimentos de minorias

ou bien il s'agissait de mouvements dans l'intérêt des minorités

ou eram movimentos no interesse das minorias

Le mouvement prolétarien est le mouvement conscient et indépendant de l'immense majorité

O movimento proletário é o movimento autoconsciente e independente da imensa maioria

Et c'est un mouvement dans l'intérêt de l'immense majorité

e é um movimento no interesse da imensa maioria

Le prolétariat, couche la plus basse de notre société actuelle

O proletariado, o estrato mais baixo da nossa sociedade atual

elle ne peut ni s'agiter ni s'élever sans que toutes les couches supérieures de la société officielle ne soient soulevées en l'air

não pode agitar-se ou erguer-se sem que todas as camadas superiores da sociedade oficial sejam lançadas no ar

Loin d'être dans le fond, mais dans la forme, la lutte du prolétariat contre la bourgeoisie est d'abord une lutte nationale

Embora não em substância, mas em forma, a luta do proletariado com a burguesia é, a princípio, uma luta nacional

Le prolétariat de chaque pays doit, bien entendu, régler d'abord ses affaires avec sa propre bourgeoisie

O proletariado de cada país deve, naturalmente, em primeiro lugar, resolver as questões com a sua própria burguesia

En décrivant les phases les plus générales du développement du prolétariat, nous avons retracé la guerre civile plus ou moins voilée

Ao retratar as fases mais gerais do desenvolvimento do proletariado, traçamos a guerra civil mais ou menos velada

Ce civil fait rage au sein de la société existante

Este civil está a grassar na sociedade existente

Elle fera rage jusqu'au point où cette guerre éclatera en révolution ouverte

Vai enfurecer até ao ponto em que essa guerra irrompe em revolução aberta

et alors le renversement violent de la bourgeoisie jette les bases de l'emprise du prolétariat

e então a violenta derrubada da burguesia lança as bases para a influência do proletariado

Jusqu'à présent, toute forme de société a été fondée, comme nous l'avons déjà vu, sur l'antagonisme des classes oppressives et opprimées

Até agora, todas as formas de sociedade se baseavam, como já vimos, no antagonismo das classes opressoras e oprimidas

Mais pour opprimer une classe, il faut lui assurer certaines conditions

Mas, para oprimir uma classe, certas condições devem ser-lhe asseguradas

La classe doit être maintenue dans des conditions dans lesquelles elle peut, au moins, continuer son existence servile

a classe deve ser mantida em condições em que possa, pelo menos, continuar a sua existência servil

Le serf, à l'époque du servage, s'élevait lui-même au rang d'adhérent à la commune

O servo, no período da servidão, elevou-se a membro da comuna

de même que la petite bourgeoisie, sous le joug de l'absolutisme féodal, a réussi à se développer en bourgeoisie

assim como a pequena burguesia, sob o jugo do absolutismo feudal, conseguiu se transformar em uma burguesia

L'ouvrier moderne, au contraire, au lieu de s'élever avec les progrès de l'industrie, s'enfonce de plus en plus profondément

O trabalhador moderno, pelo contrário, em vez de se elevar com o progresso da indústria, afunda-se cada vez mais

il s'enfonce au-dessous des conditions d'existence de sa propre classe

afunda-se abaixo das condições de existência da sua própria classe

Il devient pauvre, et le paupérisme se développe plus rapidement que la population et la richesse

Ele se torna um indigente, e o pauperismo se desenvolve mais rapidamente do que a população e a riqueza

Et c'est là qu'il devient évident que la bourgeoisie n'est plus apte à être la classe dominante dans la société

E aqui fica evidente que a burguesia não está mais apta a ser a classe dominante na sociedade

et elle n'est pas digne d'imposer ses conditions d'existence à la société comme une loi prépondérante

e é inapta a impor à sociedade as suas condições de existência como lei imperativa

Il est inapte à gouverner parce qu'il est incompétent pour assurer une existence à son esclave dans son esclavage

É inapto para governar porque é incompetente para assegurar uma existência ao seu escravo dentro da sua escravidão

parce qu'il ne peut s'empêcher de le laisser sombrer dans un tel état, qu'il doit le nourrir, au lieu d'être nourri par lui

porque não pode deixar que ele se afunde em tal estado, que tem que alimentá-lo, em vez de ser alimentado por ele

La société ne peut plus vivre sous cette bourgeoisie

A sociedade não pode mais viver sob essa burguesia

En d'autres termes, son existence n'est plus compatible avec la société

por outras palavras, a sua existência já não é compatível com a sociedade

La condition essentielle de l'existence et de l'influence de la classe bourgeoise est la formation et l'accroissement du capital

A condição essencial para a existência, e para o domínio da classe burguesa, é a formação e o aumento do capital

La condition du capital, c'est le salariat-travail

A condição para o capital é o trabalho assalariado

Le travail salarié repose exclusivement sur la concurrence entre les travailleurs

O trabalho assalariado assenta exclusivamente na concorrência entre os trabalhadores

Le progrès de l'industrie, dont le promoteur involontaire est la bourgeoisie, remplace l'isolement des ouvriers

O avanço da indústria, cujo promotor involuntário é a burguesia, substitui o isolamento dos trabalhadores

en raison de la concurrence, en raison de leur combinaison révolutionnaire, en raison de l'association

devido à competição, devido à sua combinação revolucionária, devido à associação

Le développement de l'industrie moderne lui coupe sous les pieds les fondements mêmes sur lesquels la bourgeoisie produit et s'approprie les produits

O desenvolvimento da Indústria Moderna corta debaixo dos seus pés o próprio alicerce sobre o qual a burguesia produz e se apropria dos produtos

Ce que la bourgeoisie produit avant tout, ce sont ses propres fossoyeurs

O que a burguesia produz, sobretudo, são os seus próprios coveiros

La chute de la bourgeoisie et la victoire du prolétariat sont également inévitables

A queda da burguesia e a vitória do proletariado são igualmente inevitáveis

Prolétaires et communistes
Proletários e comunistas

Quel est le rapport des communistes vis-à-vis de l'ensemble des prolétaires ?
Em que relação se situam os comunistas com o conjunto dos proletários?

Les communistes ne forment pas un parti séparé opposé aux autres partis de la classe ouvrière
Os comunistas não formam um partido separado oposto a outros partidos da classe trabalhadora

Ils n'ont pas d'intérêts séparés de ceux du prolétariat dans son ensemble
Eles não têm interesses separados e separados dos do proletariado como um todo

Ils n'établissent pas de principes sectaires qui leur soient propres pour façonner et modeler le mouvement prolétarien
Eles não estabelecem nenhum princípio sectário próprio, pelo qual moldar e moldar o movimento proletário

Les communistes ne se distinguent des autres partis ouvriers que par deux choses
Os comunistas distinguem-se dos outros partidos operários por apenas duas coisas

Premièrement, ils signalent et mettent en avant les intérêts communs de l'ensemble du prolétariat, indépendamment de toute nationalité
Em primeiro lugar, apontam e colocam à frente os interesses comuns de todo o proletariado, independentemente de qualquer nacionalidade

C'est ce qu'ils font dans les luttes nationales des prolétaires des différents pays
Fazem-no nas lutas nacionais dos proletários dos diferentes países

Deuxièmement, ils représentent toujours et partout les intérêts du mouvement dans son ensemble

Em segundo lugar, representam sempre e em toda a parte os interesses do movimento como um todo

c'est ce qu'ils font dans les différents stades de développement par lesquels doit passer la lutte de la classe ouvrière contre la bourgeoisie

isso eles fazem nas várias etapas de desenvolvimento, pelas quais a luta da classe operária contra a burguesia tem que passar

Les communistes sont donc, d'une part, pratiquement, la section la plus avancée et la plus résolue des partis ouvriers de tous les pays

Os comunistas são, portanto, por um lado, praticamente, o sector mais avançado e decidido dos partidos operários de todos os países

Ils sont cette section de la classe ouvrière qui pousse en avant toutes les autres

são o sector da classe operária que impulsiona todos os outros

Théoriquement, ils ont aussi l'avantage de bien comprendre la ligne de marche

Teoricamente, eles também têm a vantagem de entender claramente a linha de marcha

C'est ce qu'ils comprennent mieux par rapport à la grande masse du prolétariat

isso eles entendem melhor em comparação com a grande massa do proletariado

Ils comprennent les conditions et les résultats généraux ultimes du mouvement prolétarien

compreendem as condições e os resultados gerais finais do movimento proletário

Le but immédiat du Parti communiste est le même que celui de tous les autres partis prolétariens

O objetivo imediato do comunista é o mesmo de todos os outros partidos proletários

Leur but est la formation du prolétariat en classe

seu objetivo é a formação do proletariado em uma classe

ils visent à renverser la suprématie de la bourgeoisie

eles visam derrubar a supremacia burguesa
la conquête du pouvoir politique par le prolétariat
a luta pela conquista do poder político pelo proletariado
Les conclusions théoriques des communistes ne sont
nullement basées sur des idées ou des principes de
réformateurs
As conclusões teóricas dos comunistas não se baseiam de
forma alguma em ideias ou princípios dos reformadores
ce ne sont pas des prétendus réformateurs universels qui ont
inventé ou découvert les conclusions théoriques des
communistes
não foram os pretensos reformadores universais que
inventaram ou descobriram as conclusões teóricas dos
comunistas
Ils ne font qu'exprimer, en termes généraux, des rapports
réels qui naissent d'une lutte de classe existante
Apenas expressam, em termos gerais, relações reais que
brotam de uma luta de classes existente
Et ils décrivent le mouvement historique qui se déroule sous
nos yeux et qui a créé cette lutte des classes
e descrevem o movimento histórico em curso sob os nossos
próprios olhos que criou esta luta de classes
L'abolition des rapports de propriété existants n'est pas du
tout un trait distinctif du communisme
A abolição das relações de propriedade existentes não é, de
modo algum, uma característica distintiva do comunismo
Dans le passé, toutes les relations de propriété ont été
continuellement sujettes à des changements historiques
Todas as relações de propriedade no passado foram
continuamente sujeitas a mudanças históricas
et ces changements ont été consécutifs au changement des
conditions historiques
e essas mudanças foram conseqüentes à mudança nas
condições históricas
La Révolution française, par exemple, a aboli la propriété
féodale au profit de la propriété bourgeoise

A Revolução Francesa, por exemplo, aboliu a propriedade feudal em favor da propriedade burguesa

Le trait distinctif du communisme n'est pas l'abolition de la propriété, en général

A característica distintiva do comunismo não é a abolição da propriedade, em geral

mais le trait distinctif du communisme, c'est l'abolition de la propriété bourgeoise

mas a característica distintiva do comunismo é a abolição da propriedade burguesa

Mais la propriété privée de la bourgeoisie moderne est l'expression ultime et la plus complète du système de production et d'appropriation des produits

Mas a propriedade privada da burguesia moderna é a expressão final e mais completa do sistema de produção e apropriação de produtos

C'est l'état final d'un système basé sur les antagonismes de classe, où l'antagonisme de classe est l'exploitation du plus grand nombre par quelques-uns

É o estado final de um sistema baseado em antagonismos de classe, onde o antagonismo de classe é a exploração de muitos por poucos

En ce sens, la théorie des communistes peut se résumer en une seule phrase ; l'abolition de la propriété privée

Neste sentido, a teoria dos comunistas pode ser resumida numa única frase; a abolição da propriedade privada

On nous a reproché, à nous communistes, de vouloir abolir le droit d'acquérir personnellement des biens

Nós, comunistas, fomos censurados com o desejo de abolir o direito de aquisição pessoal da propriedade

On prétend que cette propriété est le fruit du travail de l'homme

Alega-se que esta propriedade é fruto do próprio trabalho de um homem

et cette propriété est censée être le fondement de toute liberté, de toute activité et de toute indépendance individuelles.

e alega-se que esta propriedade é a base de toda a liberdade, atividade e independência pessoais.

« Propriété durement gagnée, auto-acquise, auto-gagnée ! »

"Propriedade arduamente conquistada, adquirida por si mesma!"

Voulez-vous dire la propriété du petit artisan et du petit paysan ?

Refere-se à propriedade do pequeno artesão e do pequeno camponês?

Voulez-vous parler d'une forme de propriété qui a précédé la forme bourgeoise ?

Quer dizer uma forma de propriedade que precedeu a forma burguesa?

Il n'est pas nécessaire de l'abolir, le développement de l'industrie l'a déjà détruit dans une large mesure

Não há necessidade de o abolir, o desenvolvimento da indústria já a destruiu, em grande medida

et le développement de l'industrie continue de la détruire chaque jour

e o desenvolvimento da indústria continua a destruí-la diariamente

Ou voulez-vous parler de la propriété privée de la bourgeoisie moderne ?

Ou quer dizer propriedade privada da burguesia moderna?

Mais le travail salarié crée-t-il une propriété pour l'ouvrier ?

Mas será que o trabalho assalariado cria alguma propriedade para o trabalhador?

Non, le travail salarié ne crée pas une parcelle de ce genre de propriété !

Não, o trabalho assalariado não cria um bocadinho deste tipo de propriedade!

Ce que le travail salarié crée, c'est du capital ; ce genre de propriété qui exploite le travail salarié

o que o trabalho assalariado cria é capital; esse tipo de propriedade que explora o trabalho assalariado

Le capital ne peut s'accroître qu'à la condition d'engendrer une nouvelle offre de travail salarié pour une nouvelle exploitation

O capital não pode aumentar a não ser sob a condição de gerar uma nova oferta de trabalho assalariado para nova exploração

La propriété, dans sa forme actuelle, est fondée sur l'antagonisme du capital et du salariat

A propriedade, na sua forma atual, baseia-se no antagonismo entre capital e trabalho assalariado

Examinons les deux côtés de cet antagonisme

Examinemos os dois lados deste antagonismo

Être capitaliste, ce n'est pas seulement avoir un statut purement personnel

Ser capitalista é não ter apenas um estatuto puramente pessoal

Au contraire, être capitaliste, c'est aussi avoir un statut social dans la production

ao invés, ser capitalista é também ter um estatuto social na produção

parce que le capital est un produit collectif ; Ce n'est que par l'action unie de nombreux membres qu'elle peut être mise en branle

porque o capital é um produto coletivo; Só através da ação unida de muitos membros é que pode ser posto em marcha

Mais cette action unie n'est qu'un dernier recours, et nécessite en fait tous les membres de la société

Mas esta ação unida é um último recurso e, na verdade, requer todos os membros da sociedade

Le capital est converti en propriété de tous les membres de la société

O capital é convertido em propriedade de todos os membros da sociedade

mais le Capital n'est donc pas une puissance personnelle ; c'est un pouvoir social

mas o Capital não é, portanto, um poder pessoal; é um poder social

Ainsi, lorsque le capital est converti en propriété sociale, la propriété personnelle n'est pas pour autant transformée en propriété sociale

assim, quando o capital é convertido em propriedade social, a propriedade pessoal não é assim transformada em propriedade social

Ce n'est que le caractère social de la propriété qui est modifié et qui perd son caractère de classe

É apenas o caráter social da propriedade que é mudado, e perde seu caráter de classe

Regardons maintenant le travail salarié

Vejamos agora o trabalho assalariado

Le prix moyen du salariat est le salaire minimum, c'est-à-dire le quantum des moyens de subsistance

O preço médio do trabalho assalariado é o salário mínimo, ou seja, o quantum dos meios de subsistência

Ce salaire est absolument nécessaire dans la simple existence d'un ouvrier

Este salário é absolutamente necessário na existência nua e crua como trabalhador

Ce que le salarié s'approprie par son travail ne suffit donc qu'à prolonger et à reproduire une existence nue

O que, portanto, o trabalhador assalariado se apropria por meio de seu trabalho, basta apenas para prolongar e reproduzir uma existência nua

Nous n'avons nullement l'intention d'abolir cette appropriation personnelle des produits du travail

Não pretendemos, de modo algum, abolir esta apropriação pessoal dos produtos do trabalho

une appropriation qui est faite pour le maintien et la reproduction de la vie humaine

uma apropriação feita para a manutenção e reprodução da vida humana

Une telle appropriation personnelle des produits du travail ne laisse pas de surplus pour commander le travail d'autrui
tal apropriação pessoal dos produtos do trabalho não deixa excedentes para comandar o trabalho alheio
Tout ce que nous voulons supprimer, c'est le caractère misérable de cette appropriation
Tudo o que queremos acabar é com o carácter miserável desta apropriação
l'appropriation dont vit l'ouvrier dans le seul but d'augmenter son capital
a apropriação sob a qual o trabalhador vive apenas para aumentar o capital
Il n'est autorisé à vivre que dans la mesure où l'intérêt de la classe dominante l'exige
só lhe é permitido viver na medida em que o interesse da classe dominante o exija
Dans la société bourgeoise, le travail vivant n'est qu'un moyen d'augmenter le travail accumulé
Na sociedade burguesa, o trabalho vivo é apenas um meio de aumentar o trabalho acumulado
Dans la société communiste, le travail accumulé n'est qu'un moyen d'élargir, d'enrichir, de promouvoir l'existence de l'ouvrier
Na sociedade comunista, o trabalho acumulado é apenas um meio para alargar, enriquecer, promover a existência do trabalhador
C'est pourquoi, dans la société bourgeoise, le passé domine le présent
Na sociedade burguesa, portanto, o passado domina o presente
dans la société communiste, le présent domine le passé
na sociedade comunista, o presente domina o passado
Dans la société bourgeoise, le capital est indépendant et a une individualité
Na sociedade burguesa, o capital é independente e tem individualidade

Dans la société bourgeoise, la personne vivante est dépendante et n'a pas d'individualité

Na sociedade burguesa a pessoa viva é dependente e não tem individualidade

Et l'abolition de cet état de choses est appelée par la bourgeoisie l'abolition de l'individualité et de la liberté !

E a abolição desse estado de coisas é chamada pela burguesia, abolição da individualidade e da liberdade!

Et c'est à juste titre qu'on l'appelle l'abolition de l'individualité et de la liberté !

E é justamente chamada de abolição da individualidade e da liberdade!

Le communisme vise à l'abolition de l'individualité bourgeoise

O comunismo visa a abolição da individualidade burguesa

Le communisme veut l'abolition de l'indépendance de la bourgeoisie

O comunismo pretende a abolição da independência da burguesia

La liberté de la bourgeoisie est sans aucun doute ce que vise le communisme

A liberdade da burguesia é, sem dúvida, o objetivo do comunismo

dans les conditions actuelles de production de la bourgeoisie, la liberté signifie le libre-échange, la liberté de vendre et d'acheter

nas atuais condições burguesas de produção, liberdade significa livre comércio, livre venda e compra

Mais si la vente et l'achat disparaissent, la vente et l'achat gratuits disparaissent également

Mas se a venda e a compra desaparecem, a venda e a compra livres também desaparecem.

Les « paroles courageuses » de la bourgeoisie sur la vente et l'achat libres n'ont qu'un sens limité

"palavras corajosas" da burguesia sobre livre venda e compra só têm significado em um sentido limitado

Ces mots n'ont de sens que par opposition à la vente et à l'achat restreints
estas palavras só têm significado em contraste com a venda e compra restritas

et ces mots n'ont de sens que lorsqu'ils s'appliquent aux marchands enchaînés du moyen âge
e estas palavras só têm significado quando aplicadas aos comerciantes presos da Idade Média

et cela suppose que ces mots aient même un sens dans un sens bourgeois
e que pressupõe que estas palavras tenham mesmo significado num sentido burguês

mais ces mots n'ont aucun sens lorsqu'ils sont utilisés pour s'opposer à l'abolition communiste de l'achat et de la vente
mas estas palavras não têm sentido quando estão a ser usadas para se opor à abolição comunista da compra e venda

les mots n'ont pas de sens lorsqu'ils sont utilisés pour s'opposer à l'abolition des conditions de production de la bourgeoisie
as palavras não têm sentido quando estão sendo usadas para se opor à abolição das condições de produção da burguesia

et ils n'ont aucun sens lorsqu'ils sont utilisés pour s'opposer à l'abolition de la bourgeoisie elle-même
e não têm sentido quando estão sendo usados para se opor à abolição da própria burguesia

Vous êtes horrifiés par notre intention d'en finir avec la propriété privée
Você está horrorizado com a nossa intenção de acabar com a propriedade privada

Mais dans votre société actuelle, la propriété privée est déjà abolie pour les neuf dixièmes de la population
Mas, na sociedade atual, a propriedade privada já está extinta para nove décimos da população

L'existence d'une propriété privée pour quelques-uns est uniquement due à sa non-existence entre les mains des neuf dixièmes de la population

A existência de propriedade privada para poucos deve-se
unicamente à sua inexistência nas mãos de nove décimos da
população

**Vous nous reprochez donc d'avoir l'intention de supprimer
une forme de propriété**

Censura-nos, portanto, a intenção de acabar com uma forma
de propriedade

**Mais la propriété privée nécessite l'inexistence de toute
propriété pour l'immense majorité de la société**

mas a propriedade privada exige a inexistência de qualquer
propriedade para a imensa maioria da sociedade

**En un mot, vous nous reprochez d'avoir l'intention de vous
débarrasser de vos biens**

Numa palavra, censura-nos com a intenção de acabar com a
sua propriedade

**Et c'est précisément le cas ; se débarrasser de votre propriété
est exactement ce que nous avons l'intention de faire**

E é precisamente assim; acabar com o seu imóvel é exatamente
o que pretendemos

**À partir du moment où le travail ne peut plus être converti
en capital, en argent ou en rente**

A partir do momento em que o trabalho não pode mais ser
convertido em capital, dinheiro ou aluguel

**quand le travail ne peut plus être converti en un pouvoir
social monopolisé**

quando o trabalho já não pode ser convertido num poder
social suscetível de ser monopolizado

**à partir du moment où la propriété individuelle ne peut plus
être transformée en propriété bourgeoise**

a partir do momento em que a propriedade individual não
pode mais ser transformada em propriedade burguesa

**à partir du moment où la propriété individuelle ne peut plus
être transformée en capital**

a partir do momento em que a propriedade individual deixa
de poder ser transformada em capital

À partir de ce moment-là, vous dites que l'individualité s'évanouit

A partir desse momento, você diz que a individualidade desaparece

Vous devez donc avouer que par « individu » vous n'entendez personne d'autre que la bourgeoisie

Deveis, portanto, confessar que por "indivíduo" não se entende outra pessoa senão a burguesia

Vous devez avouer qu'il s'agit spécifiquement du propriétaire de la classe moyenne

Você deve confessar que se refere especificamente ao proprietário de classe média do imóvel

Cette personne doit, en effet, être balayée et rendue impossible

Esta pessoa deve, de facto, ser varrida do caminho e tornada impossível

Le communisme ne prive personne du pouvoir de s'approprier les produits de la société

O comunismo não priva ninguém do poder de se apropriar dos produtos da sociedade

tout ce que fait le communisme, c'est de le priver du pouvoir de subjuguer le travail d'autrui au moyen d'une telle appropriation

tudo o que o comunismo faz é privá-lo do poder de subjugar o trabalho dos outros por meio dessa apropriação

On a objecté qu'avec l'abolition de la propriété privée, tout travail cesserait

Tem-se objetado que, com a abolição da propriedade privada, todo o trabalho cessará

et il est alors suggéré que la paresse universelle nous rattrapera

e sugere-se então que a preguiça universal nos ultrapassará

D'après cela, il y a longtemps que la société bourgeoise aurait dû aller aux chiens par pure oisiveté

De acordo com isso, a sociedade burguesa há muito tempo deveria ter ido para os cães por pura ociosidade

parce que ceux de ses membres qui travaillent, n'acquièrent
rien

porque os seus membros que trabalham, nada adquirem

et ceux de ses membres qui acquièrent quoi que ce soit, ne
travaillent pas

e os de seus membros que adquirem alguma coisa, não
trabalham

L'ensemble de cette objection n'est qu'une autre expression
de la tautologie

Toda esta objeção é apenas mais uma expressão da tautologia

Il ne peut plus y avoir de travail salarié quand il n'y a plus
de capital

Não pode continuar a haver trabalho assalariado quando já
não há capital

Il n'y a pas de différence entre les produits matériels et les
produits mentaux

Não há diferença entre produtos materiais e produtos mentais

Le communisme propose que les deux soient produits de la
même manière

O comunismo propõe que ambos sejam produzidos da mesma
maneira

mais les objections contre les modes communistes de
production sont les mêmes

mas as objeções contra os modos comunistas de os produzir
são as mesmas

pour la bourgeoisie, la disparition de la propriété de classe
est la disparition de la production elle-même

para a burguesia, o desaparecimento da propriedade de classe
é o desaparecimento da própria produção

Ainsi, la disparition de la culture de classe est pour lui
identique à la disparition de toute culture

Assim, o desaparecimento da cultura de classe é, para ele,
idêntico ao desaparecimento de toda a cultura

Cette culture, dont il déplore la perte, n'est pour l'immense
majorité qu'un simple entraînement à agir comme une
machine

Essa cultura, cuja perda lamenta, é para a grande maioria uma mera formação para agir como uma máquina

Les communistes ont bien l'intention d'abolir la culture de la propriété bourgeoise

Os comunistas pretendem muito abolir a cultura da propriedade burguesa

Mais ne vous querellez pas avec nous tant que vous appliquez les normes de vos notions bourgeoises de liberté, de culture, de droit, etc

Mas não briguem connosco desde que apliquem o padrão das suas noções burguesas de liberdade, cultura, direito, etc

Vos idées mêmes ne sont que le résultat des conditions de votre production bourgeoise et de la propriété bourgeoise

As vossas próprias ideias não são senão o resultado das condições da vossa produção burguesa e da propriedade burguesa

de même que votre jurisprudence n'est que la volonté de votre classe érigée en loi pour tous

assim como a sua jurisprudência não é senão a vontade da sua classe transformada em lei para todos

Le caractère essentiel et l'orientation de cette volonté sont déterminés par les conditions économiques créées par votre classe sociale

O caráter essencial e a direção dessa vontade são determinados pelas condições econômicas que sua classe social cria

L'idée fausse égoïste qui vous pousse à transformer les formes sociales en lois éternelles de la nature et de la raison

O equívoco egoísta que vos induz a transformar as formas sociais em leis eternas da natureza e da razão

les formes sociales qui découlent de votre mode de production et de votre forme de propriété actuels

as formas sociais que brotam do vosso atual modo de produção e forma de propriedade

des rapports historiques qui naissent et disparaissent dans le progrès de la production

relações históricas que sobem e desaparecem no progresso da produção

cette idée fausse que vous partagez avec toutes les classes dirigeantes qui vous ont précédés

Este equívoco que partilhais com todas as classes dominantes que vos precederam

Ce que vous voyez clairement dans le cas de la propriété ancienne, ce que vous admettez dans le cas de la propriété féodale

O que se vê claramente no caso da propriedade antiga, o que se admite no caso da propriedade feudal

ces choses, il vous est bien entendu interdit de les admettre dans le cas de votre propre forme de propriété bourgeoise

essas coisas você é, naturalmente, proibido de admitir no caso de sua própria forma burguesa de propriedade

Abolition de la famille ! Même les plus radicaux s'enflamment devant cette infâme proposition des communistes

Abolição da família! Até os mais radicais se inflamam com esta infame proposta dos comunistas

Sur quelle base se fonde la famille actuelle, la famille bourgeoise ?

Em que fundamento se baseia a família atual, a família burguesa?

La fondation de la famille actuelle est basée sur le capital et le gain privé

A fundação da família atual baseia-se no capital e no ganho privado

Sous sa forme complètement développée, cette famille n'existe que dans la bourgeoisie

Na sua forma completamente desenvolvida, esta família só existe entre a burguesia

Cet état de choses trouve son complément dans l'absence pratique de la famille chez les prolétaires

Este estado de coisas encontra o seu complemento na ausência prática da família entre os proletários

Cet état de choses se retrouve dans la prostitution publique

Este estado de coisas pode ser encontrado na prostituição pública

La famille bourgeoise disparaîtra d'office quand son effectif disparaîtra

A família burguesa desaparecerá naturalmente quando o seu complemento desaparecer

et l'une et l'autre s'évanouiront avec la disparition du capital

e ambos desaparecerão com o desaparecimento do capital

Nous accusez-vous de vouloir mettre fin à l'exploitation des enfants par leurs parents ?

Acusam-nos de querer acabar com a exploração das crianças pelos seus pais?

Nous plaidons coupables de ce crime

A este crime declaramo-nos culpados

Mais, direz-vous, on détruit les relations les plus sacrées, quand on remplace l'éducation à domicile par l'éducation sociale

Mas, dirão, destruímos a mais santificada das relações, quando substituímos a educação doméstica pela educação social

Votre éducation n'est-elle pas aussi sociale ? Et n'est-elle pas déterminée par les conditions sociales dans lesquelles vous éduquez ?

A sua educação não é também social? E não é determinado pelas condições sociais em que se educa?

par l'intervention, directe ou indirecte, de la société, par le biais de l'école, etc.

pela intervenção, direta ou indireta, da sociedade, através das escolas, etc.

Les communistes n'ont pas inventé l'intervention de la société dans l'éducation

Os comunistas não inventaram a intervenção da sociedade na educação

ils ne cherchent qu'à modifier le caractère de cette intervention

não fazem senão procurar alterar o carácter dessa intervenção
et ils cherchent à sauver l'éducation de l'influence de la classe dirigeante
e procuram resgatar a educação da influência da classe dominante
La bourgeoisie parle de la relation sacrée du parent et de l'enfant
A burguesia fala da santificada corelação entre pais e filhos
mais ce baratin sur la famille et l'éducation devient d'autant plus répugnant quand on regarde l'industrie moderne
mas esta armadilha sobre a família e a educação torna-se ainda mais repugnante quando olhamos para a Indústria Moderna
Tous les liens familiaux entre les prolétaires sont déchirés par l'industrie moderne
Todos os laços familiares entre os proletários são dilacerados pela indústria moderna
Leurs enfants sont transformés en simples objets de commerce et en instruments de travail
os seus filhos transformam-se em simples artigos de comércio e instrumentos de trabalho
Mais vous, communistes, vous créeriez une communauté de femmes, crie en chœur toute la bourgeoisie
Mas vocês, comunistas, criariam uma comunidade de mulheres, grita toda a burguesia em coro
La bourgeoisie ne voit en sa femme qu'un instrument de production
A burguesia vê em sua esposa um mero instrumento de produção
Il entend dire que les instruments de production doivent être exploités par tous
Ele ouve que os instrumentos de produção devem ser explorados por todos
et, naturellement, il ne peut arriver à aucune autre conclusion que celle d'être commun à tous retombera également sur les femmes

e, naturalmente, ele não pode chegar a outra conclusão senão a de que a sorte de ser comum a todos também recairá sobre as mulheres

Il ne soupçonne même pas qu'il s'agit en fait d'en finir avec le statut de la femme en tant que simple instrument de production

Nem sequer suspeita que o verdadeiro objetivo seja acabar com o estatuto da mulher como mero instrumento de produção

Du reste, rien n'est plus ridicule que l'indignation vertueuse de notre bourgeoisie contre la communauté des femmes

De resto, nada é mais ridículo do que a indignação virtuosa da nossa burguesia contra a comunidade das mulheres

ils prétendent qu'elle doit être établie ouvertement et officiellement par les communistes

fingem que deve ser aberta e oficialmente estabelecida pelos comunistas

Les communistes n'ont pas besoin d'introduire la communauté des femmes, elle existe depuis des temps immémoriaux

Os comunistas não têm necessidade de introduzir uma comunidade de mulheres, ela existe quase desde tempos imemoriais

Notre bourgeoisie ne se contente pas d'avoir à sa disposition les femmes et les filles de ses prolétaires

Nossa burguesia não se contenta em ter à disposição as esposas e filhas de seus proletários

Ils prennent le plus grand plaisir à séduire les femmes de l'autre

eles têm o maior prazer em seduzir as esposas um do outro

Et cela ne parle même pas des prostituées ordinaires

e isso nem sequer é falar de prostitutas comuns

Le mariage bourgeois est en réalité un système d'épouses en commun

O casamento burguês é, na realidade, um sistema de esposas em comum

puis il y a une chose qu'on pourrait peut-être reprocher aux communistes

depois, há uma coisa com que os comunistas podem ser censurados

Ils souhaitent introduire une communauté de femmes ouvertement légalisée

desejam introduzir uma comunidade de mulheres abertamente legalizada

plutôt qu'une communauté de femmes hypocritement dissimulée

em vez de uma comunidade hipocritamente oculta de mulheres

la communauté des femmes issues du système de production

a comunidade de mulheres que brota do sistema de produção

Abolissez le système de production, et vous abolissez la communauté des femmes

abolir o sistema de produção e abolir a comunidade de mulheres

La prostitution publique est abolie et la prostitution privée

abolida tanto a prostituição pública como a prostituição privada

On reproche en outre aux communistes de vouloir abolir les pays et les nationalités

Os comunistas são ainda mais censurados por desejarem abolir os países e a nacionalidade

Les travailleurs n'ont pas de patrie, nous ne pouvons donc pas leur prendre ce qu'ils n'ont pas

Os trabalhadores não têm país, por isso não podemos tirar-lhes o que não têm

Le prolétariat doit d'abord acquérir la suprématie politique

O proletariado deve, antes de tudo, adquirir a supremacia política

Le prolétariat doit s'élever pour être la classe dirigeante de la nation

O proletariado deve ascender para ser a classe dirigente da nação

Le prolétariat doit se constituer en nation
o proletariado deve constituir-se a si mesmo a nação
elle est, jusqu'à présent, elle-même nationale, mais pas dans le sens bourgeois du mot
é, até agora, ela própria nacional, embora não no sentido burguês da palavra
Les différences nationales et les antagonismes entre les peuples s'estompent chaque jour davantage
As diferenças e antagonismos nacionais entre os povos estão cada vez mais desaparecidos
grâce au développement de la bourgeoisie, à la liberté du commerce, au marché mondial
devido ao desenvolvimento da burguesia, à liberdade de comércio, ao mercado mundial
à l'uniformité du mode de production et des conditions de vie qui y correspondent
à uniformidade do modo de produção e das condições de vida correspondentes;
La suprématie du prolétariat les fera disparaître encore plus vite
A supremacia do proletariado fará com que desapareçam ainda mais depressa
L'action unie, du moins dans les principaux pays civilisés, est une des premières conditions de l'émancipation du prolétariat
A ação unida, pelo menos dos principais países civilizados, é uma das primeiras condições para a emancipação do proletariado
Dans la mesure où l'exploitation d'un individu par un autre prendra fin, l'exploitation d'une nation par une autre prendra également fin à
Da mesma forma que se põe fim à exploração de um indivíduo por outro, a exploração de uma nação por outra também será posta fim

À mesure que l'antagonisme entre les classes à l'intérieur de la nation disparaîtra, l'hostilité d'une nation envers une autre prendra fin

À medida que o antagonismo entre as classes dentro da nação desaparece, a hostilidade de uma nação para com outra chegará ao fim

Les accusations portées contre le communisme d'un point de vue religieux, philosophique et, en général, idéologique, ne méritent pas d'être examinées sérieusement

As acusações contra o comunismo feitas de um ponto de vista religioso, filosófico e, em geral, ideológico, não merecem um exame sério

Faut-il une intuition profonde pour comprendre que les idées, les vues et les conceptions de l'homme changent à chaque changement dans les conditions de son existence matérielle ?

É necessária uma intuição profunda para compreender que as ideias, visões e conceções do homem mudam a cada mudança nas condições de sua existência material?

N'est-il pas évident que la conscience de l'homme change lorsque ses relations sociales et sa vie sociale changent ?

Não é óbvio que a consciência do homem muda quando as suas relações sociais e a sua vida social mudam?

Qu'est-ce que l'histoire des idées prouve d'autre, sinon que la production intellectuelle change de caractère à mesure que la production matérielle se modifie ?

O que mais a história das ideias prova, senão que a produção intelectual muda de caráter na proporção em que a produção material é alterada?

Les idées dominantes de chaque époque ont toujours été les idées de sa classe dirigeante

As ideias dominantes de cada época sempre foram as ideias da sua classe dominante

Quand on parle d'idées qui révolutionnent la société, on n'exprime qu'un seul fait

Quando as pessoas falam de ideias que revolucionam a
sociedade, não passam de um facto

**Au sein de l'ancienne société, les éléments d'une nouvelle
société ont été créés**

Dentro da sociedade antiga, os elementos de uma nova
sociedade foram criados

**et que la dissolution des vieilles idées va de pair avec la
dissolution des anciennes conditions d'existence**

e que a dissolução das velhas ideias acompanha a dissolução
das antigas condições de existência

**Lorsque le monde antique était dans ses dernières affresses,
les anciennes religions ont été vaincues par le christianisme**

Quando o mundo antigo estava em seus últimos estertores, as
religiões antigas foram superadas pelo cristianismo

**Lorsque les idées chrétiennes ont succombé au XVIIIe siècle
aux idées rationalistes, la société féodale a mené une bataille
à mort contre la bourgeoisie alors révolutionnaire**

Quando as ideias cristãs sucumbiram no século 18 às ideias
racionalistas, a sociedade feudal travou sua batalha de morte
com a burguesia então revolucionária

**Les idées de liberté religieuse et de liberté de conscience
n'ont fait qu'exprimer l'emprise de la libre concurrence dans
le domaine de la connaissance**

As ideias de liberdade religiosa e de liberdade de consciência
apenas deram expressão à influência da livre concorrência no
domínio do conhecimento

**« Sans doute, dira-t-on, les idées religieuses, morales,
philosophiques et juridiques ont été modifiées au cours du
développement historique »**

"Sem dúvida", dir-se-á, "as ideias religiosas, morais, filosóficas
e jurídicas foram modificadas ao longo do desenvolvimento
histórico"

**Mais la religion, la morale, la philosophie, la science
politique et le droit ont constamment survécu à ce
changement.**

"Mas a religião, a moral, a filosofia, a ciência política e o direito, sobreviveram constantemente a esta mudança"

« Il y a aussi des vérités éternelles, telles que la Liberté, la Justice, etc. »

"Há também verdades eternas, como a Liberdade, a Justiça, etc."

« Ces vérités éternelles sont communes à tous les états de la société »

"Estas verdades eternas são comuns a todos os estados da sociedade"

« Mais le communisme abolit les vérités éternelles, il abolit toute religion et toute morale »

"Mas o comunismo abole as verdades eternas, abole toda a religião e toda a moralidade"

« il fait cela au lieu de les constituer sur une nouvelle base »

"fá-lo em vez de os constituir numa nova base"

« Elle agit donc en contradiction avec toute l'expérience historique passée »

"atua, portanto, em contradição com toda a experiência histórica passada"

À quoi se réduit cette accusation ?

A que se reduz esta acusação?

L'histoire de toute la société passée a consisté dans le développement d'antagonismes de classe

A história de toda a sociedade passada consistiu no desenvolvimento de antagonismos de classe

antagonismes qui ont pris des formes différentes selon les époques

antagonismos que assumiram diferentes formas em diferentes épocas

Mais quelle que soit la forme qu'ils aient prise, un fait est commun à tous les âges passés

Mas, seja qual for a forma que tenham assumido, um facto é comum a todas as épocas passadas

l'exploitation d'une partie de la société par l'autre

a exploração de uma parte da sociedade pela outra

Il n'est donc pas étonnant que la conscience sociale des âges passés se meuve à l'intérieur de certaines formes communes ou d'idées générales

Não admira, portanto, que a consciência social de eras passadas se mova dentro de certas formas comuns, ou ideias gerais

(et ce, malgré toute la multiplicité et la variété qu'il affiche)

(e isto apesar de toda a multiplicidade e variedade que apresenta)

et ceux-ci ne peuvent disparaître complètement qu'avec la disparition totale des antagonismes de classe

e estes não podem desaparecer completamente a não ser com o desaparecimento total dos antagonismos de classe

La révolution communiste est la rupture la plus radicale avec les rapports de propriété traditionnels

A revolução comunista é a rutura mais radical com as relações tradicionais de propriedade

Il n'est donc pas étonnant que son développement implique la rupture la plus radicale avec les idées traditionnelles

Não admira que o seu desenvolvimento implique a rutura mais radical com as ideias tradicionais

Mais finissons-en avec les objections de la bourgeoisie contre le communisme

Mas façamos com as objeções da burguesia ao comunismo

Nous avons vu plus haut le premier pas de la révolution de la classe ouvrière

Vimos acima o primeiro passo da revolução pela classe operária

Le prolétariat doit être élevé à la position de dirigeant, pour gagner la bataille de la démocratie

O proletariado tem de ser elevado à posição de governar, para vencer a batalha da democracia

Le prolétariat usera de sa suprématie politique pour arracher peu à peu tout le capital à la bourgeoisie

O proletariado usará sua supremacia política para arrancar, aos poucos, todo o capital da burguesia

elle centralisera tous les instruments de production entre les mains de l'État

centralizará todos os instrumentos de produção nas mãos do Estado

En d'autres termes, le prolétariat s'est organisé en classe dominante

Em outras palavras, o proletariado organizado como classe dominante

et elle augmentera le plus rapidement possible le total des forces productives

e aumentará o total de forças produtivas o mais rapidamente possível

Bien sûr, au début, cela ne peut se faire qu'au moyen d'incursions despotiques dans les droits de propriété

É claro que, no início, isso não pode ser feito a não ser por meio de incursões despóticas nos direitos de propriedade

et elle doit être réalisée dans les conditions de la production bourgeoise

e tem de ser alcançado nas condições de produção da burguesia

Elle est donc réalisée au moyen de mesures qui semblent économiquement insuffisantes et intenables

consegue-se, portanto, através de medidas que se afiguram economicamente insuficientes e insustentáveis

mais ces moyens, dans le cours du mouvement, se dépassent d'eux-mêmes

mas estes meios, no decorrer do movimento, superam-se a si mesmos

elles nécessitent de nouvelles incursions dans l'ancien ordre social

necessitam de novas incursões na velha ordem social

et ils sont inévitables comme moyen de révolutionner entièrement le mode de production

e são inevitáveis como meio de revolucionar inteiramente o modo de produção

Ces mesures seront bien sûr différentes selon les pays

Estas medidas serão, naturalmente, diferentes nos diferentes países

Néanmoins, dans les pays les plus avancés, ce qui suit sera assez généralement applicable

No entanto, nos países mais avançados, o seguinte será bastante aplicável

1. L'abolition de la propriété foncière et l'affectation de toutes les rentes foncières à des fins publiques.

1. Abolição da propriedade fundiária e aplicação de todas as rendas da terra a fins públicos.

2. Un impôt sur le revenu progressif ou progressif lourd.

2. Um imposto de renda progressivo ou escalonado pesado.

3. Abolition de tout droit d'héritage.

3. Abolição de todo o direito sucessório.

4. Confiscation des biens de tous les émigrés et rebelles.

4. Confisco dos bens de todos os emigrantes e rebeldes.

5. Centralisation du crédit entre les mains de l'État, au moyen d'une banque nationale à capital d'État et monopole exclusif.

5. Centralização do crédito nas mãos do Estado, através de um banco nacional com capital estatal e monopólio exclusivo.

6. Centralisation des moyens de communication et de transport entre les mains de l'État.

6. Centralização dos meios de comunicação e transporte nas mãos do Estado.

7. Extension des usines et des instruments de production appartenant à l'État

7. Ampliação de fábricas e instrumentos de produção de propriedade do Estado

la mise en culture des terres incultes, et l'amélioration du sol en général d'après un plan commun.

a introdução no cultivo de terrenos baldios e a melhoria dos solos em geral, de acordo com um plano comum.

8. Responsabilité égale de tous vis-à-vis du travail

8. Responsabilidade igual de todos para com o trabalho

Mise en place d'armées industrielles, notamment pour l'agriculture.

Criação de exércitos industriais, especialmente para a agricultura.

9. Combinaison de l'agriculture et des industries manufacturières

9. Combinação da agricultura com as indústrias transformadoras

l'abolition progressive de la distinction entre la ville et la campagne, par une répartition plus égale de la population sur le territoire.

abolição gradual da distinção entre cidade e campo, através de uma distribuição mais equitativa da população pelo país.

10. Gratuité de l'éducation pour tous les enfants dans les écoles publiques.

10. Educação gratuita para todas as crianças das escolas públicas.

Abolition du travail des enfants dans les usines sous sa forme actuelle

Abolição do trabalho infantil nas fábricas na sua forma atual

Combinaison de l'éducation et de la production industrielle

Combinação da educação com a produção industrial

Quand, au cours du développement, les distinctions de classe ont disparu

Quando, no decurso do desenvolvimento, as distinções de classe desapareceram

et quand toute la production aura été concentrée entre les mains d'une vaste association de toute la nation

e quando toda a produção se concentrou nas mãos de uma vasta associação de toda a nação

alors la puissance publique perdra son caractère politique

então o poder público perderá seu caráter político

Le pouvoir politique, proprement dit, n'est que le pouvoir organisé d'une classe pour en opprimer une autre

O poder político, propriamente dito, é apenas o poder organizado de uma classe para oprimir outra

Si le prolétariat, dans sa lutte contre la bourgeoisie, est contraint, par la force des choses, de s'organiser en classe

Se o proletariado durante a sua disputa com a burguesia é obrigado, por força das circunstâncias, a organizar-se como classe

si, par une révolution, elle se fait la classe dominante

se, por meio de uma revolução, se faz classe dominante

et, en tant que telle, elle balaie par la force les anciennes conditions de production

e, como tal, varre à força as velhas condições de produção

alors, avec ces conditions, elle aura balayé les conditions d'existence des antagonismes de classes et des classes en général

então, juntamente com essas condições, terá varrido as condições para a existência de antagonismos de classe e de classes em geral

et aura ainsi aboli sa propre suprématie en tant que classe.

e terá, assim, abolido a sua própria supremacia como classe.

A la place de l'ancienne société bourgeoise, avec ses classes et ses antagonismes de classes, nous aurons une association

No lugar da velha sociedade burguesa, com suas classes e antagonismos de classe, teremos uma associação

une association dans laquelle le libre développement de chacun est la condition du libre développement de tous

uma associação em que o livre desenvolvimento de cada um é a condição para o livre desenvolvimento de todos

1) Le socialisme réactionnaire
1) Socialismo reacionário

a) Le socialisme féodal
a) Socialismo feudal

les aristocraties de France et d'Angleterre avaient une position historique unique
as aristocracias da França e da Inglaterra tinham uma posição histórica única
c'est devenu leur vocation d'écrire des pamphlets contre la société bourgeoise moderne
tornou-se sua vocação escrever panfletos contra a sociedade burguesa moderna
Dans la révolution française de juillet 1830 et dans l'agitation réformiste anglaise
Na Revolução Francesa de julho de 1830, e na agitação reformista inglesa
Ces aristocraties succombèrent de nouveau à l'odieux parvenu
estas aristocracias sucumbiram novamente ao arrivista odioso
Dès lors, il n'était plus question d'une lutte politique sérieuse
A partir daí, uma disputa política séria estava completamente fora de cogitação
Tout ce qui restait possible, c'était une bataille littéraire, pas une véritable bataille
Tudo o que restava possível era uma batalha literária, não uma batalha real
Mais même dans le domaine de la littérature, les vieux cris de la période de la restauration étaient devenus impossibles
Mas mesmo no domínio da literatura os velhos gritos do período da restauração tornaram-se impossíveis
Pour s'attirer la sympathie, l'aristocratie était obligée de perdre de vue, semble-t-il, ses propres intérêts

Para despertar simpatia, a aristocracia foi obrigada a perder de vista, aparentemente, os seus próprios interesses

et ils ont été obligés de formuler leur réquisitoire contre la bourgeoisie dans l'intérêt de la classe ouvrière exploitée

e foram obrigados a formular sua acusação contra a burguesia no interesse da classe trabalhadora explorada

C'est ainsi que l'aristocratie prit sa revanche en chantant des pamphlets sur son nouveau maître

Assim, a aristocracia vingou-se cantando lampiões ao seu novo mestre

et ils prirent leur revanche en lui murmurant à l'oreille de sinistres prophéties de catastrophe à venir

e vingaram-se sussurrando em seus ouvidos profecias sinistras da catástrofe vindoura

C'est ainsi qu'est né le socialisme féodal : moitié lamentation, moitié moquerie

Assim surgiu o socialismo feudal: metade lamentação, metade lampião

Il sonnait comme un demi-écho du passé, et projetait une demi-menace de l'avenir

cantava como meio eco do passado e projetava metade ameaça do futuro

parfois, par sa critique acerbe, spirituelle et incisive, il frappait la bourgeoisie au plus profond de lui-même

por vezes, com a sua crítica amarga, espirituosa e incisiva, atingiu a burguesia até ao âmago

mais elle a toujours été ridicule dans son effet, par l'incapacité totale de comprendre la marche de l'histoire moderne

mas foi sempre ridículo no seu efeito, por total incapacidade de compreender a marcha da história moderna

L'aristocratie, pour rallier le peuple à elle, agitait le sac d'aumône prolétarien en guise de bannière

A aristocracia, a fim de reunir o povo, agitou o saco de esmolas proletárias em frente para uma bandeira

Mais le peuple, toutes les fois qu'il se joignait à lui, voyait sur son arrière-train les anciennes armoiries féodales

Mas o povo, tantas vezes que se juntou a eles, viu em seus traseiros os velhos brasões feudais

et ils désertèrent avec des rires bruyants et irrévérencieux

e desertaram com gargalhadas altas e irreverentes

Une partie des légitimistes français et de la « Jeune Angleterre » offrit ce spectacle

Uma seção dos legitimistas franceses e da "Young England" exibiu esse espetáculo

les féodaux ont fait remarquer que leur mode d'exploitation était différent de celui de la bourgeoisie

os feudalistas apontavam que seu modo de exploração era diferente do da burguesia

Les féodaux oublient qu'ils ont exploité dans des circonstances et des conditions tout à fait différentes

os feudalistas esquecem-se de que exploravam em circunstâncias e condições bem diferentes

Et ils n'ont pas remarqué que de telles méthodes d'exploitation sont maintenant désuètes

e eles não notaram que tais métodos de exploração são agora antiquados

Ils ont montré que, sous leur domination, le prolétariat moderne n'a jamais existé

Eles mostraram que, sob seu governo, o proletariado moderno nunca existiu

mais ils oublient que la bourgeoisie moderne est le produit nécessaire de leur propre forme de société

mas esquecem que a burguesia moderna é a descendência necessária de sua própria forma de sociedade

Pour le reste, ils dissimulent à peine le caractère réactionnaire de leur critique

De resto, dificilmente escondem o carácter reacionário das suas críticas

Leur principale accusation contre la bourgeoisie se résume à ceci

sua principal acusação contra a burguesia é a seguinte:
sous le régime bourgeois, une classe sociale se développe
sob o regime da burguesia desenvolve-se uma classe social
Cette classe sociale est destinée à découper de fond en comble l'ancien ordre de la société
Esta classe social está destinada a criar raízes e ramificar a velha ordem da sociedade
Ce qu'ils reprochent à la bourgeoisie, ce n'est pas tant qu'elle crée un prolétariat
O que eles atrapalham a burguesia não é tanto que ela crie um proletariado
ce qu'ils reprochent à la bourgeoisie, c'est plutôt de créer un prolétariat révolutionnaire
o que eles atrapalham a burguesia é mais ainda que ela cria um proletariado revolucionário
Dans la pratique politique, ils se joignent donc à toutes les mesures coercitives contre la classe ouvrière
Na prática política, portanto, eles se juntam a todas as medidas coercitivas contra a classe trabalhadora
Et dans la vie ordinaire, malgré leurs phrases hautaines, ils s'abaissent à ramasser les pommes d'or tombées de l'arbre de l'industrie
e na vida comum, apesar de suas frases altas, eles se inclinam para pegar as maçãs douradas caídas da árvore da indústria
et ils troquent la vérité, l'amour et l'honneur contre le commerce de la laine, du sucre de betterave et de l'eau-de-vie de pommes de terre
e trocam a verdade, o amor e a honra pelo comércio de lã, açúcar de beterraba e bebidas espirituosas de batata
De même que le pasteur a toujours marché main dans la main avec le propriétaire foncier, il en a été de même du socialisme clérical et du socialisme féodal
Assim como o parson sempre andou de mãos dadas com o latifundiário, o mesmo aconteceu com o socialismo clerical com o socialismo feudal

Rien n'est plus facile que de donner à l'ascétisme chrétien une teinte socialiste

Nada é mais fácil do que dar ao ascetismo cristão um tom socialista

Le christianisme n'a-t-il pas déclamé contre la propriété privée, contre le mariage, contre l'État ?

O cristianismo não declamou contra a propriedade privada, contra o casamento, contra o Estado?

Le christianisme n'a-t-il pas prêché à la place de la charité et de la pauvreté ?

O cristianismo não pregou no lugar destes, a caridade e a pobreza?

Le christianisme ne prêche-t-il pas le célibat et la mortification de la chair, de la vie monastique et de l'Église mère ?

O cristianismo não prega o celibato e a mortificação da carne, a vida monástica e a Igreja Mãe?

Le socialisme chrétien n'est que l'eau bénite avec laquelle le prêtre consacre les brûlures du cœur de l'aristocrate

O socialismo cristão é apenas a água benta com que o sacerdote consagra as azias do aristocrata

b) Le socialisme petit-bourgeois
b) Socialismo pequeno-burguês

L'aristocratie féodale n'est pas la seule classe ruinée par la bourgeoisie
A aristocracia feudal não foi a única classe arruinada pela burguesia
ce n'était pas la seule classe dont les conditions d'existence languissaient et périssaient dans l'atmosphère de la société bourgeoise moderne
não foi a única classe cujas condições de existência se fixaram e pereceram na atmosfera da sociedade burguesa moderna
Les bourgeois médiévaux et les petits propriétaires paysans ont été les précurseurs de la bourgeoisie moderne
Os burgueses medievais e os pequenos proprietários camponeses foram os precursores da burguesia moderna
Dans les pays peu développés, tant au point de vue industriel que commercial, ces deux classes végètent encore côte à côte
Nos países pouco desenvolvidos, industrial e comercialmente, estas duas classes ainda vegetam lado a lado
et pendant ce temps, la bourgeoisie se lève à côté d'eux : industriellement, commercialement et politiquement
e, entretanto, a burguesia ergue-se ao seu lado: industrial, comercial e politicamente
Dans les pays où la civilisation moderne s'est pleinement développée, une nouvelle classe de petite bourgeoisie s'est formée
Nos países onde a civilização moderna se desenvolveu plenamente, formou-se uma nova classe de pequena burguesia
cette nouvelle classe sociale oscille entre le prolétariat et la bourgeoisie
esta nova classe social oscila entre proletariado e burguesia
et elle se renouvelle sans cesse en tant que partie supplémentaire de la société bourgeoise

e está sempre se renovando como parte suplementar da sociedade burguesa

Cependant, les membres individuels de cette classe sont constamment précipités dans le prolétariat

No entanto, os membros individuais desta classe são constantemente atirados para o proletariado

ils sont aspirés par le prolétariat par l'action de la concurrence

são sugados pelo proletariado através da ação da concorrência

Au fur et à mesure que l'industrie moderne se développe, ils voient même approcher le moment où ils disparaîtront complètement en tant que section indépendante de la société moderne

À medida que a indústria moderna se desenvolve, eles até veem se aproximar o momento em que desaparecerão completamente como uma seção independente da sociedade moderna

ils seront remplacés, dans les manufactures, l'agriculture et le commerce, par des surveillants, des huissiers et des boutiquiers

serão substituídos, nas indústrias transformadoras, na agricultura e no comércio, por vigias, oficiais de justiça e comerciantes

Dans des pays comme la France, où les paysans représentent bien plus de la moitié de la population

Em países como a França, onde os camponeses constituem muito mais de metade da população

il était naturel qu'il y ait des écrivains qui se rangent du côté du prolétariat contre la bourgeoisie

era natural que houvesse escritores que se colocassem do lado do proletariado contra a burguesia

dans leur critique du régime bourgeois, ils utilisaient l'étendard de la bourgeoisie paysanne et de la petite bourgeoisie

em suas críticas ao regime burguês, eles usaram o padrão da pequena burguesia camponesa e pequena burguesia

et, du point de vue de ces classes intermédiaires, ils prennent le relais de la classe ouvrière

e do ponto de vista dessas classes intermediárias eles tomam as rédeas para a classe trabalhadora

C'est ainsi qu'est né le socialisme petit-bourgeois, dont Sismondi était le chef de cette école, non seulement en France, mais aussi en Angleterre

Assim surgiu o socialismo pequeno-burguês, do qual Sismondi foi o chefe desta escola, não só na França, mas também na Inglaterra

Cette école du socialisme a disséqué avec une grande acuité les contradictions des conditions de la production moderne

Esta escola do socialismo dissecou com grande acuidade as contradições nas condições de produção moderna

Cette école a mis à nu les excuses hypocrites des économistes

Esta escola pôs a nu as desculpas hipócritas dos economistas

Cette école prouva sans conteste les effets désastreux du machinisme et de la division du travail

Esta escola provou, incontestavelmente, os efeitos desastrosos da maquinaria e da divisão do trabalho

elle prouvait la concentration du capital et de la terre entre quelques mains

provou a concentração de capital e terra em poucas mãos

elle a prouvé comment la surproduction conduit à des crises bourgeoises

provou como a superprodução leva a crises burguesas

il soulignait la ruine inévitable de la petite bourgeoisie et des paysans

apontava a inevitável ruína da pequena burguesia e do camponês

la misère du prolétariat, l'anarchie de la production, les inégalités criantes dans la répartition des richesses

a miséria do proletariado, a anarquia na produção, as gritantes desigualdades na distribuição da riqueza

Il a montré comment le système de production mène la guerre industrielle d'extermination entre les nations

Mostrou como o sistema de produção lidera a guerra
industrial de extermínio entre nações
la dissolution des vieux liens moraux, des vieilles relations
familiales, des vieilles nationalités
a dissolução dos velhos laços morais, das velhas relações
familiares, das velhas nacionalidades
Dans ses objectifs positifs, cependant, cette forme de
socialisme aspire à réaliser l'une des deux choses suivantes
No entanto, nos seus objetivos positivos, esta forma de
socialismo aspira a alcançar uma de duas coisas
soit elle vise à restaurer les anciens moyens de production et
d'échange
ou visa restaurar os antigos meios de produção e de troca
et avec les anciens moyens de production, elle rétablirait les
anciens rapports de propriété et l'ancienne société
e com os antigos meios de produção restauraria as antigas
relações de propriedade e a velha sociedade
ou bien elle vise à enfermer les moyens modernes de
production et d'échange dans l'ancien cadre des rapports de
propriété
ou visa apertar os modernos meios de produção e trocar para
o velho quadro das relações de propriedade
Dans un cas comme dans l'autre, elle est à la fois
réactionnaire et utopique
Em ambos os casos, é reacionário e utópico
Ses derniers mots sont : guildes corporatives pour la
fabrication, relations patriarcales dans l'agriculture
Suas últimas palavras são: corporações para manufatura,
relações patriarcais na agricultura
En fin de compte, lorsque les faits historiques obstinés ont
dispersé tous les effets enivrants de l'auto-tromperie
Em última análise, quando os fatos históricos teimosos haviam
dispersado todos os efeitos inebriantes do autoengano
cette forme de socialisme se termine par un misérable accès
de pitié

esta forma de socialismo terminou num miserável ataque de piedade

c) Le socialisme allemand, ou « vrai »
c) Socialismo alemão, ou "verdadeiro"

La littérature socialiste et communiste de France est née sous la pression d'une bourgeoisie au pouvoir
A literatura socialista e comunista da França teve origem sob a pressão de uma burguesia no poder
Et cette littérature était l'expression de la lutte contre ce pouvoir
e esta literatura foi a expressão da luta contra esse poder
elle a été introduite en Allemagne à une époque où la bourgeoisie venait de commencer sa lutte contre l'absolutisme féodal
foi introduzido na Alemanha numa altura em que a burguesia tinha acabado de começar a sua luta contra o absolutismo feudal
Les philosophes allemands, les prétendus philosophes et les beaux esprits, s'emparèrent avidement de cette littérature
Filósofos alemães, aspirantes a filósofos e beaux esprits, agarraram-se ansiosamente a esta literatura
mais ils oubliaient que les écrits avaient émigré de France en Allemagne sans apporter avec eux les conditions sociales françaises
mas esqueceram que os escritos imigraram da França para a Alemanha sem trazer as condições sociais francesas
Au contact des conditions sociales allemandes, cette littérature française perd toute sa signification pratique immédiate
Em contacto com as condições sociais alemãs, esta literatura francesa perdeu todo o seu significado prático imediato
et la littérature communiste de France a pris un aspect purement littéraire dans les cercles académiques allemands

e a literatura comunista da França assumiu um aspeto
puramente literário nos círculos acadêmicos alemães

**Ainsi, les exigences de la première Révolution française
n'étaient rien d'autre que les exigences de la « raison
pratique »**

Assim, as exigências da primeira Revolução Francesa nada
mais eram do que as exigências da "Razão Prática"

**et l'expression de la volonté de la bourgeoisie française
révolutionnaire signifiait à leurs yeux la loi de la volonté
pure**

e a pronúncia da vontade da burguesia francesa
revolucionária significava aos seus olhos a lei da vontade pura

**il signifiait la Volonté telle qu'elle devait être ; de la vraie
Volonté humaine en général**

significava a Vontade como ela estava fadada a ser; da
verdadeira Vontade humana em geral

**Le monde des lettrés allemands ne consistait qu'à mettre les
nouvelles idées françaises en harmonie avec leur ancienne
conscience philosophique**

O mundo dos literatos alemães consistia unicamente em
harmonizar as novas ideias francesas com a sua antiga
consciência filosófica

**ou plutôt, ils ont annexé les idées françaises sans déserter
leur propre point de vue philosophique**

ou melhor, anexaram as ideias francesas sem abandonar o seu
próprio ponto de vista filosófico

**Cette annexion s'est faite de la même manière que l'on
s'approprie une langue étrangère, c'est-à-dire par la
traduction**

Esta anexação ocorreu da mesma forma que uma língua
estrangeira é apropriada, ou seja, através da tradução

**Il est bien connu comment les moines ont écrit des vies
stupides de saints catholiques sur des manuscrits**

É bem sabido como os monges escreveram vidas bobas de
santos católicos sobre manuscritos

les manuscrits sur lesquels les œuvres classiques de l'ancien paganisme avaient été écrites

os manuscritos sobre os quais as obras clássicas do antigo paganismo tinham sido escritas

Les lettrés allemands ont inversé ce processus avec la littérature française profane

Os literatos alemães inverteram esse processo com a literatura francesa profana

Ils ont écrit leurs absurdités philosophiques sous l'original français

Escreveram os seus disparates filosóficos por baixo do original francês

Par exemple, sous la critique française des fonctions économiques de l'argent, ils ont écrit « L'aliénation de l'humanité »

Por exemplo, sob a crítica francesa às funções econômicas do dinheiro, eles escreveram "Alienação da Humanidade"

au-dessous de la critique française de l'État bourgeois, ils écrivaient « détrônement de la catégorie du général »

sob a crítica francesa ao Estado burguês escreveram "destronamento da categoria do general"

L'introduction de ces phrases philosophiques à la fin des critiques historiques françaises qu'ils ont baptisées :

A introdução destas frases filosóficas no fundo das críticas históricas francesas que apelidaram:

« Philosophie de l'action », « Vrai socialisme », « Science allemande du socialisme », « Fondement philosophique du socialisme », etc

"Filosofia da Ação", "Socialismo Verdadeiro", "Ciência Alemã do Socialismo", "Fundamento Filosófico do Socialismo" e assim por diante

La littérature socialiste et communiste française est ainsi complètement émasculée

A literatura socialista e comunista francesa foi, assim, completamente emasculada

entre les mains des philosophes allemands, elle cessa
d'exprimer la lutte d'une classe contre l'autre
nas mãos dos filósofos alemães deixou de expressar a luta de
uma classe com a outra
et c'est ainsi que les philosophes allemands se sentaient
conscients d'avoir surmonté « l'unilatéralité française »
e assim os filósofos alemães sentiram-se conscientes de terem
superado a "unilateralidade francesa"
Il n'avait pas à représenter de vraies exigences, mais plutôt
des exigences de vérité
não tinha de representar exigências verdadeiras, mas sim
exigências de verdade
il n'y avait pas d'intérêt pour le prolétariat, mais plutôt pour
la nature humaine
não havia interesse pelo proletariado, pelo contrário, havia
interesse pela Natureza Humana
l'intérêt était dans l'Homme en général, qui n'appartient à
aucune classe et n'a pas de réalité
o interesse era pelo Homem em geral, que não pertence a
nenhuma classe e não tem realidade
un homme qui n'existe que dans le royaume brumeux de la
fantaisie philosophique
um homem que só existe no reino nebuloso da fantasia
filosófica
mais finalement, ce socialisme allemand d'écolier perdit
aussi son innocence pédante
mas, eventualmente, este estudante do socialismo alemão
também perdeu a sua inocência pedante
la bourgeoisie allemande, et surtout la bourgeoisie
prussienne, luttait contre l'aristocratie féodale
a burguesia alemã, e especialmente a burguesia prussiana,
lutaram contra a aristocracia feudal
la monarchie absolue de l'Allemagne et de la Prusse était
également combattue
a monarquia absoluta da Alemanha e da Prússia também
estava sendo combatida

Et à son tour, la littérature du mouvement libéral est également devenue plus sérieuse
e, por sua vez, a literatura do movimento liberal também se tornou mais séria
L'Allemagne a eu l'occasion longtemps souhaitée par le « vrai» socialisme de se voir offrir
A tão desejada oportunidade da Alemanha para o "verdadeiro" socialismo foi oferecida
l'occasion de confronter le mouvement politique aux revendications socialistes
a oportunidade de confrontar o movimento político com as reivindicações socialistas
l'occasion de jeter les anathèmes traditionnels contre le libéralisme
a oportunidade de lançar os anátemas tradicionais contra o liberalismo
l'occasion d'attaquer le gouvernement représentatif et la concurrence bourgeoise
a oportunidade de atacar o governo representativo e a concorrência burguesa
Liberté de la presse bourgeoise, législation bourgeoise, liberté et égalité bourgeoise
Burguesia liberdade de imprensa, legislação burguesa, burguesia liberdade e igualdade
Tout cela pourrait maintenant être critiqué dans le monde réel, plutôt que dans la fantaisie
tudo isso agora poderia ser criticado no mundo real, e não na fantasia
L'aristocratie féodale et la monarchie absolue prêchaient depuis longtemps aux masses
A aristocracia feudal e a monarquia absoluta há muito pregavam às massas
« L'ouvrier n'a rien à perdre, et il a tout à gagner »
"o trabalhador não tem nada a perder e tem tudo a ganhar"
le mouvement bourgeois offrait aussi une chance de se confronter à ces platitudes

o movimento burguês também ofereceu uma oportunidade para confrontar esses chavões

la critique française présupposait l'existence d'une société bourgeoise moderne

a crítica francesa pressupunha a existência da sociedade burguesa moderna

Conditions économiques d'existence de la bourgeoisie et constitution politique de la bourgeoisie

Condições econômicas de existência da burguesia e constituição política da burguesia

les choses mêmes dont la réalisation était l'objet de la lutte imminente en Allemagne

as mesmas coisas cuja realização foi objeto da luta pendente na Alemanha

L'écho stupide du socialisme en Allemagne a abandonné ces objectifs juste à temps

O eco tolo do socialismo na Alemanha abandonou esses objetivos em cima da hora

Les gouvernements absolus avaient leur suite de pasteurs, de professeurs, d'écuyers de campagne et de fonctionnaires

Os governos absolutos tinham seus seguidores de parsons, professores, escudeiros e funcionários

le gouvernement de l'époque a répondu aux soulèvements de la classe ouvrière allemande par des coups de fouet et des balles

o governo da época enfrentou os levantes da classe trabalhadora alemã com açoites e balas

pour eux, ce socialisme était un épouvantail bienvenu contre la bourgeoisie menaçante

para eles, este socialismo serviu de espantalho bem-vindo contra a burguesia ameaçadora

et le gouvernement allemand a pu offrir un dessert sucré après les pilules amères qu'il a distribuées

e o governo alemão foi capaz de oferecer uma sobremesa doce depois das pílulas amargas que distribuiu

ce « vrai » socialisme servait donc aux gouvernements
d'arme pour combattre la bourgeoisie allemande
este "verdadeiro" socialismo serviu, assim, aos governos como
arma de combate à burguesia alemã
et, en même temps, il représentait directement un intérêt
réactionnaire ; celle des Philistins allemands
e, ao mesmo tempo, representava diretamente um interesse
reacionário; a dos filisteus alemães
En Allemagne, la petite bourgeoisie est la véritable base
sociale de l'état de choses actuel
Na Alemanha, a classe da pequena burguesia é a base social
real do estado de coisas existente
une relique du XVIe siècle qui n'a cessé de surgir sous
diverses formes
uma relíquia do século XVI que tem surgido constantemente
sob várias formas
Conserver cette classe, c'est préserver l'état de choses
existant en Allemagne
Preservar esta classe é preservar o estado de coisas existente
na Alemanha
La suprématie industrielle et politique de la bourgeoisie
menace la petite bourgeoisie d'une destruction certaine
A supremacia industrial e política da burguesia ameaça a
pequena burguesia com certa destruição
d'une part, elle menace de détruire la petite bourgeoisie par
la concentration du capital
por um lado, ameaça destruir a pequena burguesia através da
concentração de capital
d'autre part, la bourgeoisie menace de la détruire par
l'avènement d'un prolétariat révolutionnaire
por outro lado, a burguesia ameaça destruí-la através da
ascensão de um proletariado revolucionário
Le « vrai » socialisme semblait faire d'une pierre deux coups.
Il s'est répandu comme une épidémie
O "verdadeiro" socialismo parecia matar esses dois pássaros
com uma cajadada só. Espalhou-se como uma epidemia

La robe de toiles d'araignées spéculatives, brodée de fleurs de rhétorique, trempée dans la rosée du sentiment maladif
O manto das teias de aranha especulativas, bordadas com flores de retórica, mergulhadas no orvalho do sentimento doentio

cette robe transcendantale dans laquelle les socialistes allemands enveloppaient leurs tristes « vérités éternelles »
este manto transcendental em que os socialistas alemães embrulhavam as suas tristes "verdades eternas"

tout de peau et d'os, servaient à augmenter merveilleusement la vente de leurs marchandises auprès d'un public aussi
toda a pele e osso, serviu para aumentar maravilhosamente a venda de seus bens entre tal público

Et de son côté, le socialisme allemand reconnaissait de plus en plus sa propre vocation
E, por sua vez, o socialismo alemão reconheceu, cada vez mais, a sua própria vocação

on l'appelait à être le représentant grandiloquent de la petite-bourgeoisie philistine
foi chamado a ser o bombástico representante da pequena burguesia filisteia

Il proclamait que la nation allemande était la nation modèle, et le petit philistin allemand l'homme modèle
Proclamou a nação alemã como a nação modelo, e o pequeno filisteu alemão como o homem modelo

À chaque méchanceté de cet homme modèle, elle donnait une interprétation socialiste cachée, plus élevée
A cada mesquinhez vilã desse homem modelo dava uma interpretação oculta, superior, socialista

cette interprétation socialiste supérieure était l'exact contraire de son caractère réel
esta interpretação superior, socialista, era exatamente o contrário de seu caráter real

Il est allé jusqu'à s'opposer directement à la tendance « brutalement destructrice » du communisme

Chegou ao extremo de se opor diretamente à tendência
"brutalmente destrutiva" do comunismo
et il proclamait son mépris suprême et impartial de toutes
les luttes de classes
e proclamou o seu supremo e imparcial desprezo por todas as
lutas de classes
À de très rares exceptions près, toutes les publications dites
socialistes et communistes qui circulent aujourd'hui (1847)
en Allemagne appartiennent au domaine de cette littérature
nauséabonde et énervante
Com pouquíssimas exceções, todas as publicações ditas
socialistas e comunistas que hoje (1847) circulam na Alemanha
pertencem ao domínio dessa literatura suja e enervante

2) Le socialisme conservateur ou le socialisme bourgeois
2) Socialismo conservador, ou socialismo burguês

Une partie de la bourgeoisie est désireuse de redresser les griefs sociaux
Uma parte da burguesia está desejosa de reparar as queixas sociais
afin d'assurer la pérennité de la société bourgeoise
a fim de assegurar a continuidade da sociedade burguesa
C'est à cette section qu'appartiennent les économistes, les philanthropes, les humanitaires
A esta seção pertencem economistas, filantropos, humanitários
améliorateurs de la condition de la classe ouvrière et organisateurs de la charité
melhoradores da condição da classe trabalhadora e organizadores da caridade
membres des sociétés de prévention de la cruauté envers les animaux
Membros das Sociedades para a Prevenção da Crueldade contra os Animais
fanatiques de la tempérance, réformateurs de toutes sortes imaginables
fanáticos da temperança, reformadores de todos os tipos imagináveis
Cette forme de socialisme a, d'ailleurs, été élaborée en systèmes complets
Esta forma de socialismo foi, além disso, trabalhada em sistemas completos
On peut citer la « Philosophie de la Misère » de Proudhon comme exemple de cette forme
Podemos citar a "Philosophie de la Misère" de Proudhon como exemplo desta forma
La bourgeoisie socialiste veut tous les avantages des conditions sociales modernes
A burguesia socialista quer todas as vantagens das condições sociais modernas

mais la bourgeoisie socialiste ne veut pas nécessairement des luttes et des dangers qui en résultent

mas a burguesia socialista não quer necessariamente as lutas e perigos resultantes

Ils désirent l'état actuel de la société, sans ses éléments révolutionnaires et désintégrateurs

Desejam o estado existente da sociedade, menos os seus elementos revolucionários e desagregadores

c'est-à-dire qu'ils veulent une bourgeoisie sans prolétariat

por outras palavras, desejam uma burguesia sem proletariado

La bourgeoisie conçoit naturellement le monde dans lequel elle est souveraine d'être la meilleure

A burguesia concebe naturalmente o mundo em que é supremo ser o melhor

et le socialisme bourgeois développe cette conception confortable en divers systèmes plus ou moins complets

e o socialismo burguês desenvolve essa conceção confortável em vários sistemas mais ou menos completos

ils voudraient beaucoup que le prolétariat marche droit dans la Nouvelle Jérusalem sociale

eles gostariam muito que o proletariado marchasse diretamente para a Nova Jerusalém social

Mais en réalité, elle exige du prolétariat qu'il reste dans les limites de la société existante

mas, na realidade, exige que o proletariado permaneça dentro dos limites da sociedade existente

ils demandent au prolétariat de se débarrasser de toutes ses idées haineuses sur la bourgeoisie

pedem ao proletariado que abandone todas as suas ideias odiosas em relação à burguesia

il y a une seconde forme plus pratique, mais moins systématique, de ce socialisme

há uma segunda forma mais prática, mas menos sistemática, deste socialismo

Cette forme de socialisme cherchait à déprécier tout mouvement révolutionnaire aux yeux de la classe ouvrière

Esta forma de socialismo procurava depreciar todos os
movimentos revolucionários aos olhos da classe operária

**Ils soutiennent qu'aucune simple réforme politique ne
pourrait leur être d'un quelconque avantage**

Eles argumentam que nenhuma mera reforma política poderia
ser vantajosa para eles

**Seul un changement dans les conditions matérielles
d'existence dans les relations économiques est bénéfique**

só uma mudança nas condições materiais de existência nas
relações económicas é benéfica

**Comme le communisme, cette forme de socialisme prône un
changement des conditions matérielles d'existence**

Tal como o comunismo, esta forma de socialismo defende uma
mudança nas condições materiais de existência

**Cependant, cette forme de socialisme ne suggère nullement
l'abolition des rapports de production bourgeois**

no entanto, esta forma de socialismo não sugere de modo
algum a abolição das relações de produção burguesas

**l'abolition des rapports de production bourgeois ne peut se
faire que par la révolution**

a abolição das relações de produção burguesas só pode ser
alcançada através de uma revolução

**Mais au lieu d'une révolution, cette forme de socialisme
suggère des réformes administratives**

Mas, em vez de uma revolução, esta forma de socialismo
sugere reformas administrativas

**et ces réformes administratives seraient fondées sur la
pérennité de ces relations**

e estas reformas administrativas basear-se-iam na manutenção
dessas relações

**réformes qui n'affectent en rien les rapports entre le capital
et le travail**

reformas, portanto, que em nada afetam as relações entre
capital e trabalho

**au mieux, de telles réformes réduisent le coût et simplifient
le travail administratif du gouvernement bourgeois**

na melhor das hipóteses, tais reformas diminuem o custo e simplificam o trabalho administrativo do governo burguês

Le socialisme bourgeois atteint une expression adéquate lorsque, et seulement lorsque, il devient une simple figure de style

O socialismo burguês alcança expressão adequada, quando, e somente quando, se torna uma mera figura de linguagem

Le libre-échange : au profit de la classe ouvrière

Comércio livre: em benefício da classe trabalhadora

Les devoirs protecteurs : au profit de la classe ouvrière

Deveres de proteção: em benefício da classe trabalhadora

Réforme pénitentiaire : au profit de la classe ouvrière

Reforma penitenciária: em benefício da classe trabalhadora

C'est le dernier mot et le seul mot sérieux du socialisme bourgeois

Esta é a última palavra e a única palavra séria do socialismo burguês

Elle se résume dans la phrase : la bourgeoisie est une bourgeoisie au profit de la classe ouvrière

Resume-se na frase: a burguesia é uma burguesia em benefício da classe trabalhadora

3) Socialisme et communisme utopiques critiques
3) Socialismo crítico-utópico e comunismo

Nous ne nous référons pas ici à la littérature qui a toujours donné la parole aux revendications du prolétariat
Não nos referimos aqui àquela literatura que sempre deu voz às reivindicações do proletariado
cela a été présent dans toutes les grandes révolutions modernes, comme les écrits de Babeuf et d'autres
isso esteve presente em todas as grandes revoluções modernas, como os escritos de Babeuf e outros
Les premières tentatives directes du prolétariat pour parvenir à ses propres fins échouèrent nécessairement
As primeiras tentativas diretas do proletariado de atingir seus próprios fins necessariamente fracassaram
Ces tentatives ont été faites dans des temps d'effervescence universelle, lorsque la société féodale était renversée
Essas tentativas foram feitas em tempos de excitação universal, quando a sociedade feudal estava sendo derrubada
L'état alors peu développé du prolétariat a conduit à l'échec de ces tentatives
O estado então subdesenvolvido do proletariado levou ao fracasso dessas tentativas
et ils ont échoué en raison de l'absence des conditions économiques pour son émancipation
e falharam devido à ausência de condições económicas para a sua emancipação
conditions qui n'avaient pas encore été produites, et qui ne pouvaient être produites que par l'époque de la bourgeoisie
condições que ainda não tinham sido produzidas, e poderiam ser produzidas apenas pela época burguesa iminente
La littérature révolutionnaire qui accompagnait ces premiers mouvements du prolétariat avait nécessairement un caractère réactionnaire

A literatura revolucionária que acompanhou esses primeiros movimentos do proletariado tinha necessariamente um caráter reacionário

Cette littérature inculquait l'ascétisme universel et le nivellement social dans sa forme la plus grossière

Esta literatura inculcou o ascetismo universal e o nivelamento social na sua forma mais crua

Les systèmes socialistes et communistes, proprement dits, naissent au début de la période sous-développée

Os sistemas socialista e comunista, propriamente ditos, surgiram no início do período subdesenvolvido

Saint-Simon, Fourier, Owen et d'autres, ont décrit la lutte entre le prolétariat et la bourgeoisie (voir section 1)

Saint-Simon, Fourier, Owen e outros, descreveram a luta entre proletariado e burguesia (ver Seção 1)

Les fondateurs de ces systèmes voient, en effet, les antagonismes de classe

Os fundadores desses sistemas veem, de fato, os antagonismos de classe

Ils voient aussi l'action des éléments en décomposition, dans la forme dominante de la société

vêem também a ação dos elementos em decomposição, na forma predominante da sociedade

Mais le prolétariat, encore à ses débuts, leur offre le spectacle d'une classe sans aucune initiative historique

Mas o proletariado, ainda na sua infância, oferece-lhes o espetáculo de uma classe sem qualquer iniciativa histórica

Ils voient le spectacle d'une classe sociale sans aucun mouvement politique indépendant

Vêem o espetáculo de uma classe social sem qualquer movimento político independente

Le développement de l'antagonisme de classe va de pair avec le développement de l'industrie

O desenvolvimento do antagonismo de classe acompanha o desenvolvimento da indústria

La situation économique ne leur offre donc pas encore les conditions matérielles de l'émancipation du prolétariat

Assim, a situação económica ainda não lhes oferece as condições materiais para a emancipação do proletariado

Ils cherchent donc une nouvelle science sociale, de nouvelles lois sociales, qui doivent créer ces conditions

Procuram, portanto, uma nova ciência social, novas leis sociais, que criem essas condições

l'action historique, c'est céder à leur action inventive personnelle

a ação histórica é ceder à sua ação inventiva pessoal

Les conditions d'émancipation créées historiquement doivent céder la place à des conditions fantastiques

condições historicamente criadas de emancipação são ceder a condições fantásticas

et l'organisation de classe graduelle et spontanée du prolétariat doit céder la place à l'organisation de la société

e a organização de classe gradual e espontânea do proletariado é ceder à organização da sociedade

l'organisation de la société spécialement conçue par ces inventeurs

a organização da sociedade especialmente inventada por estes inventores

L'histoire future se résout, à leurs yeux, dans la propagande et l'exécution pratique de leurs projets sociaux

A história futura resolve-se, aos seus olhos, na propaganda e na realização prática dos seus planos sociais

Dans l'élaboration de leurs plans, ils ont conscience de s'occuper avant tout des intérêts de la classe ouvrière

Na formação de seus planos, eles estão conscientes de cuidar principalmente dos interesses da classe trabalhadora

Ce n'est que du point de vue d'être la classe la plus souffrante que le prolétariat existe pour eux

Só do ponto de vista de serem a classe mais sofrida é que o proletariado existe para eles

L'état sous-développé de la lutte des classes et leur propre environnement informent leurs opinions
O estado subdesenvolvido da luta de classes e o seu próprio ambiente informam as suas opiniões

Les socialistes de ce genre se considèrent comme bien supérieurs à tous les antagonismes de classe
Socialistas deste tipo consideram-se muito superiores a todos os antagonismos de classe

Ils veulent améliorer la condition de tous les membres de la société, même celle des plus favorisés
Querem melhorar a condição de todos os membros da sociedade, mesmo dos mais favorecidos

Par conséquent, ils s'adressent habituellement à la société dans son ensemble, sans distinction de classe
Por isso, costumam apelar para a sociedade em geral, sem distinção de classe

Bien plus, ils font appel à la société dans son ensemble de préférence à la classe dirigeante
pelo contrário, apelam à sociedade em geral por preferência à classe dominante

Pour eux, tout ce qu'il faut, c'est que les autres comprennent leur système
Para eles, tudo o que é necessário é que os outros entendam o seu sistema

Car comment les gens peuvent-ils ne pas voir que le meilleur plan possible est le meilleur état possible de la société ?
Porque como podem as pessoas não ver que o melhor plano possível é para o melhor estado possível da sociedade?

C'est pourquoi ils rejettent toute action politique, et surtout toute action révolutionnaire
Por isso, rejeitam toda a ação política e, sobretudo, toda a ação revolucionária

ils veulent arriver à leurs fins par des moyens pacifiques
desejam atingir os seus fins por meios pacíficos

ils s'efforcent, par de petites expériences, qui sont nécessairement vouées à l'échec
Esforçam-se, através de pequenas experiências, necessariamente condenadas ao fracasso

et par la force de l'exemple, ils essaient d'ouvrir la voie au nouvel Évangile social
e, pela força do exemplo, procuram abrir caminho para o novo Evangelho social

De tels tableaux fantastiques de la société future, peints à une époque où le prolétariat est encore dans un état très sous-développé
Tais imagens fantásticas da sociedade futura, pintadas numa época em que o proletariado ainda está em um estado muito subdesenvolvido

et il n'a encore qu'une conception fantasmatique de sa propre position
e ainda tem apenas uma conceção fantástica de sua própria posição

Mais leurs premières aspirations instinctives correspondent aux aspirations du prolétariat
mas os seus primeiros anseios instintivos correspondem aos anseios do proletariado

L'un et l'autre aspirent à une reconstruction générale de la société
Ambos anseiam por uma reconstrução geral da sociedade

Mais ces publications socialistes et communistes contiennent aussi un élément critique
Mas estas publicações socialistas e comunistas contêm também um elemento crítico

Ils s'attaquent à tous les principes de la société existante
Atacam todos os princípios da sociedade existente

C'est pourquoi ils sont remplis des matériaux les plus précieux pour l'illumination de la classe ouvrière
Por isso, estão repletos dos materiais mais valiosos para o esclarecimento da classe trabalhadora

Ils proposent l'abolition de la distinction entre la ville et la campagne, et la famille
propõem a abolição da distinção entre cidade e campo, e família
la suppression de l'exercice de l'industrie pour le compte des particuliers
a abolição do exercício de atividades por conta de particulares
et l'abolition du salariat et la proclamation de l'harmonie sociale
e a abolição do sistema salarial e a proclamação da harmonia social
la transformation des fonctions de l'État en une simple surveillance de la production
a conversão das funções do Estado numa mera superintendência da produção
Toutes ces propositions ne pointent que vers la disparition des antagonismes de classe
Todas estas propostas apontam apenas para o desaparecimento dos antagonismos de classe
Les antagonismes de classe ne faisaient alors que surgir
Os antagonismos de classe estavam, naquela época, apenas surgindo
Dans ces publications, ces antagonismes de classe ne sont reconnus que dans leurs formes les plus anciennes, indistinctes et indéfinies
Nestas publicações, estes antagonismos de classe são reconhecidos apenas nas suas formas mais antigas, indistintas e indefinidas
Ces propositions ont donc un caractère purement utopique
Estas propostas têm, portanto, um carácter puramente utópico
La signification du socialisme et du communisme critiques-utopiques est en relation inverse avec le développement historique
O significado do socialismo crítico-utópico e do comunismo tem uma relação inversa com o desenvolvimento histórico

La lutte de classe moderne se développera et continuera à prendre une forme définitive

A luta de classes moderna desenvolver-se-á e continuará a tomar forma definitiva

Cette réputation fantastique du concours perdra toute valeur pratique

Esta fantástica posição do concurso perderá todo o valor prático

Ces attaques fantastiques contre les antagonismes de classe perdront toute justification théorique

Estes fantásticos ataques aos antagonismos de classe perderão toda a justificação teórica

Les initiateurs de ces systèmes étaient, à bien des égards, révolutionnaires

Os criadores destes sistemas foram, em muitos aspetos, revolucionários

Mais leurs disciples n'ont, dans tous les cas, formé que des sectes réactionnaires

mas os seus discípulos formaram, em todos os casos, meras seitas reacionárias

Ils s'en tiennent fermement aux vues originales de leurs maîtres

Eles se apegam firmemente às visões originais de seus mestres

Mais ces vues s'opposent au développement historique progressif du prolétariat

Mas estas visões opõem-se ao desenvolvimento histórico progressista do proletariado

Ils s'efforcent donc, et cela constamment, d'étouffer la lutte des classes

Procuram, portanto, e isso de forma consistente, amortecer a luta de classes

et ils s'efforcent constamment de concilier les antagonismes de classe

e esforçam-se consistentemente por conciliar os antagonismos de classe

Ils rêvent encore de la réalisation expérimentale de leurs utopies sociales

Eles ainda sonham com a realização experimental de suas utopias sociais

ils rêvent encore de fonder des « phalanstères » isolés et d'établir des « colonies d'origine »

eles ainda sonham em fundar "falanges" isoladas e estabelecer "Colônias Domésticas"

ils rêvent de mettre en place une « Petite Icarie » – éditions duodecimo de la Nouvelle Jérusalem

eles sonham em criar uma "Pequena Icaria" - edições duodecimo da Nova Jerusalém

Et ils rêvent de réaliser tous ces châteaux dans les airs

e sonham em realizar todos esses castelos no ar

Ils sont obligés de faire appel aux sentiments et aux bourses des bourgeois

são compelidos a apelar para os sentimentos e bolsas dos burgueses

Peu à peu, ils s'enfoncent dans la catégorie des socialistes conservateurs réactionnaires décrits ci-dessus

Aos poucos, eles se afundam na categoria dos socialistas conservadores reacionários descritos acima

ils ne diffèrent de ceux-ci que par une pédanterie plus systématique

eles diferem destes apenas por pedantismo mais sistemático

et ils diffèrent par leur croyance fanatique et superstitieuse aux effets miraculeux de leur science sociale

e diferem pela sua crença fanática e supersticiosa nos efeitos milagrosos da sua ciência social

Ils s'opposent donc violemment à toute action politique de la part de la classe ouvrière

Eles, portanto, se opõem violentamente a toda ação política por parte da classe trabalhadora

une telle action, selon eux, ne peut résulter que d'une incrédulité aveugle dans le nouvel Évangile

tal ação, segundo eles, só pode resultar de uma incredulidade
cega no novo Evangelho

**Les owénistes en Angleterre et les fouriéristes en France
s'opposent respectivement aux chartistes et aux réformistes**

Os Owenites na Inglaterra, e os Fourieristas na França,
respectivamente, se opõem aos Cartistas e aos "Réformistes"

Position des communistes par rapport aux divers partis d'opposition existants

Posição dos comunistas em relação aos vários partidos de oposição existentes

La section II a mis en évidence les relations des communistes avec les partis ouvriers existants

A Secção II deixou claras as relações dos comunistas com os partidos operários existentes

comme les chartistes en Angleterre et les réformateurs agraires en Amérique

como os Cartistas na Inglaterra e os Reformadores Agrários na América

Les communistes luttent pour la réalisation des objectifs immédiats

Os comunistas lutam pela concretização dos objetivos imediatos

Ils luttent pour l'application des intérêts momentanés de la classe ouvrière

lutam pela efetivação dos interesses momentâneos da classe trabalhadora

Mais dans le mouvement politique d'aujourd'hui, ils représentent et s'occupent aussi de l'avenir de ce mouvement

mas no movimento político do presente, eles também representam e cuidam do futuro desse movimento

En France, les communistes s'allient avec les social-démocrates

Em França, os comunistas aliam-se aos sociais-democratas

et ils se positionnent contre la bourgeoisie conservatrice et radicale

e posicionam-se contra a burguesia conservadora e radical

cependant, ils se réservent le droit d'adopter une position critique à l'égard des phrases et des illusions traditionnellement héritées de la grande Révolution

no entanto, reservam-se o direito de assumir uma posição
crítica em relação a frases e ilusões tradicionalmente
transmitidas da grande Revolução

**En Suisse, ils soutiennent les radicaux, sans perdre de vue
que ce parti est composé d'éléments antagonistes**

Na Suíça, apoiam os radicais, sem perder de vista que este
partido é composto por elementos antagónicos

**en partie des socialistes démocrates, au sens français du
terme, en partie de la bourgeoisie radicale**

em parte de socialistas democráticos, no sentido francês, em
parte de burguesia radical

**En Pologne, ils soutiennent le parti qui insiste sur la
révolution agraire comme condition première de
l'émancipation nationale**

Na Polónia apoiam o partido que insiste numa revolução
agrária como condição primordial para a emancipação
nacional

ce parti qui fomenta l'insurrection de Cracovie en 1846

o partido que fomentou a insurreição de Cracóvia em 1846

**En Allemagne, ils luttent avec la bourgeoisie chaque fois
qu'elle agit de manière révolutionnaire**

Na Alemanha, eles lutam com a burguesia sempre que ela age
de forma revolucionária

**contre la monarchie absolue, l'escroc féodal et la petite
bourgeoisie**

contra a monarquia absoluta, o esguicho feudal e a pequena
burguesia

**Mais ils ne cessent jamais, un seul instant, inculquer à la
classe ouvrière une idée particulière**

Mas eles nunca cessam, por um único instante, de incutir na
classe trabalhadora uma ideia particular

**la reconnaissance la plus claire possible de l'antagonisme
hostile entre la bourgeoisie et le prolétariat**

o reconhecimento mais claro possível do antagonismo hostil
entre burguesia e proletariado

afin que les ouvriers allemands puissent immédiatement utiliser les armes dont ils disposent

para que os trabalhadores alemães possam utilizar imediatamente as armas de que dispõem;

les conditions sociales et politiques que la bourgeoisie doit nécessairement introduire en même temps que sa suprématie

as condições sociais e políticas que a burguesia deve necessariamente introduzir juntamente com a sua supremacia

la chute des classes réactionnaires en Allemagne est inévitable

a queda das classes reacionárias na Alemanha é inevitável

et alors la lutte contre la bourgeoisie elle-même peut commencer immédiatement

e então a luta contra a própria burguesia pode começar imediatamente

Les communistes tournent leur attention principalement vers l'Allemagne, parce que ce pays est à la veille d'une révolution bourgeoise

Os comunistas voltam sua atenção principalmente para a Alemanha, porque este país está às vésperas de uma revolução burguesa

une révolution qui ne manquera pas de s'accomplir dans des conditions plus avancées de la civilisation européenne

uma revolução que está fadada a realizar-se em condições mais avançadas da civilização europeia

Et elle ne manquera pas de se faire avec un prolétariat beaucoup plus développé

e está fadado a ser realizado com um proletariado muito mais desenvolvido

un prolétariat plus avancé que celui de l'Angleterre au XVIIe siècle, et celui de la France au XVIIIe siècle

um proletariado mais avançado do que o da Inglaterra no século XVII, e o da França no século XVIII

et parce que la révolution bourgeoise en Allemagne ne sera que le prélude d'une révolution prolétarienne qui suivra immédiatement

e porque a revolução burguesa na Alemanha será apenas o prelúdio de uma revolução proletária imediatamente seguinte

Bref, partout les communistes soutiennent tout mouvement révolutionnaire contre l'ordre social et politique existant

Em suma, os comunistas em toda a parte apoiam todos os movimentos revolucionários contra a ordem social e política existente

Dans tous ces mouvements, ils mettent au premier plan, comme la question maîtresse de chacun d'eux, la question de la propriété

Em todos esses movimentos eles trazem para a frente, como a questão principal em cada um, a questão da propriedade

quel que soit son degré de développement dans ce pays à ce moment-là

não importa qual seja o seu grau de desenvolvimento naquele país no momento

Enfin, ils œuvrent partout pour l'union et l'accord des partis démocratiques de tous les pays

Finalmente, trabalham em todo o lado pela união e acordo dos partidos democráticos de todos os países

Les communistes dédaignent de dissimuler leurs vues et leurs objectifs

Os comunistas desdenham de esconder as suas opiniões e objetivos

Ils déclarent ouvertement que leurs fins ne peuvent être atteintes que par le renversement par la force de toutes les conditions sociales existantes

Eles declaram abertamente que seus fins só podem ser alcançados pela derrubada forçada de todas as condições sociais existentes

Que les classes dirigeantes tremblent devant une révolution communiste

Que as classes dominantes tremam perante uma revolução comunista

Les prolétaires n'ont rien d'autre à perdre que leurs chaînes

Os proletários não têm nada a perder a não ser as suas correntes

Ils ont un monde à gagner

Eles têm um mundo a ganhar

TRAVAILLEURS DE TOUS LES PAYS, UNISSEZ-VOUS !

TRABALHADORES DE TODOS OS PAÍSES, UNI-VOS!

www.ingramcontent.com/pod-product-compliance
Lightning Source LLC
Chambersburg PA
CBHW011738020426
42333CB00024B/2943